トップセールスが使いこなす！
"基本にして最高の営業術"総まとめ

営業1年目の教科書

TEXTBOOK FOR THE FIRST YEAR
IN SALES POSITIONS

営業の先生
菊原智明
Tomoaki Kikuhara

こつじゆい——絵

大和書房

はじめに
基本の理解が「売れる営業」になる近道

この本は

☐ 営業初心者（1〜3年未満）
☐ 営業職にこれから配属される
☐ 営業職を志望している

といった方がこれから確実に結果を出して頂くために書いた本です。おそらく、あなたは営業活動に対して様々な不安を抱えていることでしょう。

しかし、読み進めていくにつれ、あなたの営業に対する不安や苦手意識が解消され、これからの営業活動に自信を持って臨めるようになることをお約束いたします。

なぜ、そんな約束ができるのでしょうか？

私は営業コンサルタントとして、新人からリーダー職まで総勢、15,000人以上もの営業スタッフを指導してきました。
また、営業の講師として、大学生に向けて毎週"営業の授業"を行っており、「即戦力で活躍できる営業術」を教えています。その卒業生も1,500人を超えています。
日本全国に大学講師の方はたくさんいらっしゃいますが、リアルな営業を教えているのは現在、私を含め二人だけです。

ですから、他の誰よりも営業初心者もしくは「これから営業職に就こう」という人の気持ちを理解できると自負しております。

私はよく学生たちに営業職のイメージについて聞くのですが、その意見は実に面白いものばかりです。

□表面だけ笑顔で裏は違う
□話がうまく人を騙して売る
□ノルマがキツイ
□頭を下げて買ってもらう
□ガツガツした人が活躍する
　　　　　　　　　…など

それにしても「営業職のイメージはとんでもなく悪いな」とつくづく思います。
もちろん先の例のような事実もあります。
そして私自身も地獄を存分に味わってきた一人です。

しかし、そうかと思えば毎月楽々とノルマをクリアしてしまう営業が存在するのも事実です。

アポなし訪問、テレアポなど、辛い営業活動をしていないのにもかかわらず、涼しい顔でダントツの結果をたたき出したりします。しかもこちらからお願いするのではなく、お客様から「あなたから買いたいのですが」と声がかかります。

そのような売れる営業はいったい何が違うのでしょうか？

売れる営業のやり方は様々ですが、
共通しているのは"基本をしっかりおさえている"ということです。

要するに営業の芯を外していないのです。

天才営業というのは一見、派手で特殊なやり方でお客様にアプローチしたりします。気ままにお客様のところへ遊びに行ったり、ランチや飲み会で気軽に食事をしたり。

しかし、それを真似しても結果は出ません。
結果が出るどころか逆効果になることもよくあります。

プロ野球選手の打ち方を真似してもヒットが打てないように、表面上の行動を真似しても結果は出ないのです。

ここで私の経験を踏まえてご説明します。
業種が違ったとしても参考になりますのでほんの少しお付き合いください。

大学を卒業した私はハウスメーカーに入社しました。
"営業職だったら自分のペースで仕事もできるし楽そうだ"と安易な理由で営業職を選択しました。
私のような動機の方もいるかもしれませんね。

しかし、入社してみるとそれが勘違いだったとすぐに気づきます。
朝から晩までアポなし訪問し、会社に戻ればテレアポをさせられたものです。
訪問テクニックを覚えようが、必殺トークをマスターしようが、どんな努力をしても全く結果は出ません。
会社からは「ダメ営業」の烙印を押されてしまいました。
そんなダメ営業生活が7年も続きました。
ところが、あるきっかけで結果が出始め、8年目にしてトップ営業

になりました。
その理由を一言で言うなら"お客様の立場になって行動した"ということです。

ひとつ具体例をあげれば、お客様から嫌われる迷惑訪問から感謝される情報提供に変えたということです。
そもそもお客様に嫌われる行動を続けていて結果が出るはずもありません。
そんな基本的なことに気がつくのに7年もの月日を費やしてしまったのです。

私の経験を聞いて「そんな基本的なことになぜ気がつかないの？」と疑問に思う人もいるでしょう。

多くの人は、**自分がされて嫌なことをいざ自分が営業する立場になるとコロッと忘れてしまうもの**なのです。

たとえば、電器屋さんでも服屋さんでもお客様として行ってみてください。

お店に入った途端、「こちらは新商品でして今一番人気があるんですよ。今なら…」というような売り込みを嫌ってほど味わえます。
その店員さん自身も買う立場になれば"売り込まれたい"などと微塵も思っていません。

にもかかわらず、売る立場になるとその過ちを犯してしまうのです。

世の中には"営業はお客様の立場になって行動することが大切"と営業活動を始める前から理解している人もいます。それは感覚のいい人だけであって多くの営業はその過ちに気がつかないのです。

なぜでしょうか？

それは私を含め99％の人は本当に必要な「営業の基本」を理解しないまま現場に配属されるからです。

簡単な研修を受けたとしても、営業現場に行った途端、既存のやり方を教え込まれてしまいます。
そう遠くないうちに間違った方法に染まってしまうのです。

私も最初は「アポなし訪問やテレアポはお客様の迷惑でしかない」と思っていました。
しかし、3ヵ月も経たないうちに感覚が麻痺してきます。
酷い断りを受けたとしても、自分の非は認めず、「おかしな客もいるな」と受け流すようになっていったのです。

間違った方法を続け、結果が出なかったとしても上司から「もっ

と訪問件数を増やせ！ 気合いが足りない！」と頭ごなしに怒鳴り
つけられるのみ。

どうしていいかわからず、何か違うのでは…と思いながらも続け
てしまいます。
こうして泥沼にはまっていくのです。

結果を出している人は、" どうすれば相手が喜ぶか "という基
本をおさえています。
また、敵を作ることなく、お客様と効率良く信頼関係を構築でき
る、営業にとってもお客様にとってもメリットがあるやり方も知
っているのです。

繰り返しになりますが、結果を出せる人と出せない人の違いは、
基本を知っているか知っていないかの差でしかないのです。
スポーツと同じように正しいフォームを身につけずに練習を続けれ
ば、悪い癖がつきヘタが固まるだけです。

これは営業活動でも同じことで、デメリットしかありません。早
く正しいフォームを身につけた方がいいに決まっています。

もしあなたが既に営業職になって年数が経ち「あぁ、もっと早く
気がつけばよかった…」と後悔していたとしても遅いなんてこと
はありません。

気がついた今この瞬間から正しい方向に修正していけばいいのです
から。

「これから営業で頑張っていこう」というすべての方に、本書で伝える「基本」を学んでほしいと思っています。

学ぶといっても小難しいノウハウをただ書きならべたものではありません。

これからの営業にとって、本当に大切な「基本」を厳選し、より深くより早く理解できるように多くのイラストを用いて、本を読むのが苦手な方でも安心して読んでもらえるようになっています。

過去の私のように結果を出すために遠回りをしてほしくありません。"一人でも多くの営業に営業活動の本当の楽しさを味わって頂きたい"という思いでこの本を書きました。

それでは今から…
「お客様からも会社からも必要とされる営業」
になる授業を始めましょう。

営業コンサルタント / 関東学園大学経済学部講師
菊原 智明

営業1年目の教科書
CONTENTS

はじめに
基本の理解が「売れる営業」になる近道 ··· 003

Chapter 1

売れる営業の「心得」
これからの営業に大事なこと

01 AI時代でも生き残る「真の営業」とは? ··· 022

02 営業は「会社の代表」である ··· 024

03 「営業力」はどんな人にも必要なスキル ··· 025

04 売れる人の9割は小心者 ··· 026

05 自分の「長所」を知っている数だけうまくいく ··· 027

06 「経験がない」=「お客様視点に近い」 ··· 028

07 「休息の技術」を持った人ほど結果を出す ··· 030

08 「共通する4つの自信」が営業を強くする ··· 032

Chapter1 チェックリスト ··· 034
営業力を鍛える練習 No.1 ··· 035

Chapter 2

売れる営業の「身だしなみ」

最初の出会いから
お客様をひきつける!

09 売れる営業はなぜ「見た目」に
手を抜かないのか?　038

10 これが男性営業の理想の身だしなみ　040

11 これが女性営業の理想の身だしなみ　041

12 営業に必須の神道具　042

13 トップ営業は足元を制する　044

14 第一印象を最高にする名刺交換　046

15 「ワンランク上」のアイテムが
セルフイメージを高める　048

Chapter2 チェックリスト　050
営業力を鍛える練習 №2　051

Chapter 3

売れる営業の「トーク」
お客様が「つい話したくなる」コツ

16 営業に必要なコミュニケーション能力とは? ···· 054

17 目だけを凝視するのではなく顔全体を観察する ···· 056

18 難しい話をわかりやすく話すのが一流の営業 ···· 058

19 お客様の要望を声に出して復唱する効果 ···· 060

20 "真剣に聞いている"という姿勢を体で伝える ···· 062

21 これだけは避けたいこと、
してほしくないことを聞いておく ···· 064

22 "商品購入後の世界"をイメージさせる
ポジティブ質問 ···· 066

23 話ベタのための簡単セールストーク ···· 068

24 売れる営業は断り文句を真に受けない ···· 070

25 商品の「デメリット」も語れる営業になる ···· 072

Chapter3 チェックリスト ···· 074
営業力を鍛える練習 No.3 ···· 075

Chapter 4

売れる営業の「商談」
最高の成果を出せる商談の掟

- 26 商談は「不安」を聞き出すことから　078
- 27 お客様からの「よくある質問」の準備をしているか？　080
- 28 内容の全体像を伝えてから詳細へ進む　082
- 29 商談は終了時間を決めてからスタートさせる　084
- 30 優柔不断なお客様への商談の進め方　086
- 31 共感の有無が成功か失敗かの分かれ道　088
- 32 いきなり敗戦したのではなく必ず前兆はある　090
- 33 見積書はツーステップで出す　092
- 34 クロージングに必殺トークは存在しない　094
- 35 「買った後」の心配をするのが本物の営業　096

Chapter4 チェックリスト　098
営業力を鍛える練習 No.4　099

Chapter 5

売れる営業の「営業ツール」

電話・メール・手紙・SNSを 最大限に使いこなす!

36 ワントーン高い"明るい声"がもたらす効果 ···· 102

37 「調べてかけ直す」は5分以内がベスト 104

38 問い合わせの商品がないとき、
別の引き出しはあるか? 106

39 相手が電話に出なかった後、
放置するのはダメ営業 108

40 相手の都合を考えずに
電話する営業は嫌われる 110

41 「3秒で理解できる資料」になっているか? ···· 112

42 "営業からの年賀状"に効果はない 114

43 メールで伝えるべきこと
メールで伝えてはいけないこと ···· 116

44 名刺交換後のお礼メールで差をつける ···· 118

45 これだけは覚えてほしいSNSマナー 120

Chapter5 チェックリスト ···· 122
営業力を鍛える練習 №5 123

Chapter 6

売れる営業の「職場関係」
社内を味方につける
コミュニケーション術

- 46 結果を出し続ける営業は社内にも気を配る　126
- 47 「言うべきことの先延ばし」はデメリットしかない　128
- 48 まわりの人を配慮して仕事をしているか？　130
- 49 悩みを打ち明ける人がうまくいく　132
- 50 どうしても嫌いな同僚とはどう接するか？　134
- 51 「痛いところをついてくる」人は近くにいるか？　136
- 52 「お客様を守る」営業になる　138

Chapter6 チェックリスト　140
営業力を鍛える練習 No.6　141

Chapter 7

売れる営業の「モチベーション」
やる気を引き出すために必ずやっておきたいこと

- 53 モチベーションを下げる要素を見える化する ･･･ 144
- 54 仕事のスイッチを入れるルーティーンを持つ ･･･ 146
- 55 トップ営業はスランプに陥ったときに何をする? ･･･ 148
- 56 無駄と思うことには"意味づけ"で対処する ･･･ 150
- 57 「数字+期限」で目標を明確化する ･･･ 152
- 58 朝時間は仕事のゴールデンタイム ･･･ 154
- 59 すごい成果は健康な体からしか生まれない ･･･ 156

| Chapter7 チェックリスト ･･･ 158
| 営業力を鍛える練習 No.7 ･･･ 159

Chapter 8

売れる営業の「習慣」

シンプルだけど
大きく差がつく習慣術

60 小手先の技術ではなく習慣を真似する　162

61 トップ営業が机をきれいにしてから
帰る本当の理由　164

62 字を丁寧に書くと、心にゆとりが生まれる　166

63 お客様が求めている方法でアプローチする　168

64 手紙やハガキはビジネスで
勝つための最強の武器　170

65 売れる人は他社からも常に学んでいる　172

66 天性の営業センスも実は
「試行錯誤」から生まれている　174

Chapter8 チェックリスト　176
営業力を鍛える練習 №8　177

Chapter 9

売れる営業の「しないこと」

先輩たちの
大失敗に学べ!

67 「良好な関係」だからといって油断しない　180

68 連絡手段がわからないとき"浮気心"が芽生える　182

69 先の心配をしすぎて一歩を踏み出さない　184

70 メモを怠ってお客様の信頼を失う　186

71 会話はいつ誰に聞かれるかわからない　188

72 家族・身近な人をないがしろにしない　190

73 結果を出したときこそ「謙虚」になる　192

Chapter9 チェックリスト　194

営業力を鍛える練習 No.9　195

おわりに

「基本」を身につけてこれからの営業を楽しく　197

Chapter 1 売れる営業の「心得」

これからの営業に大事なこと

このような営業にならないために… **GO!**

一生役立つ！

01

AI時代でも生き残る「真の営業」とは？

"営業"にどのようなイメージをお持ちでしょうか？

私がハウスメーカーの営業になったとき、友人から「営業って渋っているお客様を強引に説得して、買いたくないものでも買わせる仕事だろ？」と言われたことがありました。

仮にこのような行為をしている営業がいたら、その人はダメ営業であり、そう遠くないうちに会社が姿を消すでしょう。

お客様を思いやらない「押し売り」など、言語道断です。

では営業はどのような仕事なのでしょうか？

商品説明をして購入を促すだけの存在ではありません。

マニュアルのようなことはこれから AI がやってくれるでしょう。

私の考える営業とは**"お客様から信頼される存在"**であり**"お客様の意思決定をサポートできる人"**です。

たとえば今ではネットを中心に、お客様自身でどこからでも情報を仕入れることができます。しかし、その情報量の多さに決断を迷うときが出てきます。そうして"誰かに頼りたい"とお客様が思ったときに、まず真っ先に声がかかる存在であるべきなのです。その上、購入を迷っているお客様に対して「A さんの場合、○○の商品が一番マッチしていますよ」といった的確なアドバイスを提供できる人。つまり意思決定をサポートできる人がこれからの時代も長く営業として生き残るのです。

そのためにまずは自社商品を詳しく知っておく必要がありますし、他社商品についても情報収集する必要があるでしょう。知識だけでなく営業のプロとしての自覚を持ち、客観的な意見が言えること、誤解を恐れずに言えば"自分から買ってもらわなくてもいい"と思える心も大事になってくるのです。

お客様にマッチした商品（価値）を提供する

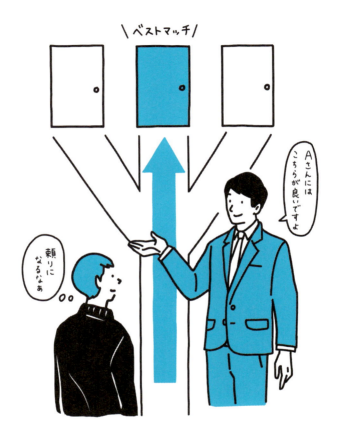

ここがPOINT!
お客様から信頼され、意思決定をサポートできる営業を目指そう

Chapter 1 これからの営業に大事なこと

一生役立つ！
02

営業は「会社の代表」である

お客様は目の前の営業を会社の代表として判断します。ベテランなのか新人なのかは関係ありません。

一人の営業のずさんな対応ひとつで会社が築き上げてきたブランド力を一瞬で粉砕してしまうこともあるのです。

私が学生のとき、実家の修繕の下見のために一度だけ住宅展示場へ行ったことがありました。ある地元の工務店の展示場に入ると40代くらいの女性スタッフが出てきます。

学生の私を見て「この客は見込みが薄い」と判断したのか、展示場の案内図を「ご自由に」とぶっきらぼうに渡すと、すぐに事務所に戻っていってしまったのです。この対応にガッカリしたとともに「この会社にはお世話になりたくない」と思いました。

何十年も前の学生時代の話が、いまも強いマイナスイメージとして残ってしまっているのです。また、当時は身近な人たちにあの会社は避けるよう、マイナスの口コミをしてしまいました。

これだけでも、どれほど会社のダメージにつながるかは想像に難くないでしょう。

そして現在この会社は倒産しています。

このように一人の社員の存在が会社の存続を危うくしてしまうことだってあるのです。

お客様は対応した人をその会社の代表として判断します。 どのようなお客様に対しても丁寧な対応を心がけましょう。バイトでも新入社員であってもプロ意識を忘れないでください。

一生役立つ！ 03 「営業力」はどんな人にも必要なスキル

あるデザイン会社に勤めている友人の話です。

会社での人間関係に苦しんでおり、会うたびに「仕事自体はいいけど、まわりの人間が協力的じゃない」と愚痴を言います。

大変な会社で仕事をしているのだなと思いますが、よくよく聞けば友人はまわりの人に対しての配慮が足りていないようです。

助けを要求するだけで、自分からまわりを助けようとは思っていないのです。何の努力もせずに「困っているのになんで助けてくれないんだ！」と怒っても意味はありません。

ものを売る立場で考えてみましょう。

販売の努力をしていないのに「なんで私の商品を買ってくれないんだ！」と言う人がいたらどうでしょう？　誰もが"努力せずに売れるほど甘くはない"と思うのが普通でしょう。

今や同じような商品があり、どこからでも手に入ります。

"何も努力せずに待っていれば売れる"という時代ではありません。

同じように何もしないのでは同僚は助けてくれません。「不親切な人ばかりだ。ぜんぜん助けてくれないじゃないか」と思っているとすれば、それはまわりの人が悪いのではなくあなたの「営業力不足」なのです。

営業の基本はこちらから与えることです。お客様に営業活動をするように、まわりの人に対しても気遣いを忘れないでほしいのです。

04 一生役立つ！

売れる人の9割は小心者

もしかして"気が小さいから営業として成功しないのでは？"などと思っていないでしょうか？
そう考えているなら、今すぐその悩みは捨ててください。
私は営業コンサルタントとして研修先などで多くのトップ営業とお会いします。
そこで感じとった共通点は"小心者"だということでした。
どちらかというと内向的な性格で繊細な方ばかりなのです。
また実際に、多くのトップ営業が口々に「小心者なんです」と仰います。意外に思うかもしれませんが、まぎれもない真実なのです。
一見、この**"欠点のような性格"がトップ営業に必要なもの**だといえます。理由のひとつは、気が小さく、まわりを気にしているため、いろいろな状況にいち早く気がつくからです。たとえば商談中のお客様のちょっとした言動や表情から「あれ？ 言いにくいことでもあるのかな」と気がつきます。そうすると「もしかして〇〇についてお悩みではないですか？」と質問ができます。こうして潜在的な悩みをくみ取るのです。また社内のコミュニケーションに関しても「こういう言い方をすると相手が傷つくかもしれない」と細やかな気遣いができます。
トップ営業は相手を思いやる、謙虚な心を持ちあわせています。
こうして味方を増やし、営業活動を円滑にしているのです。
小心者こそトップ営業になる可能性が高いと自信を持ってください。

05 自分の「長所」を知っている数だけうまくいく

先日お会いした新人営業は「私には何も才能がありません」と言っていました。背も高くいい体格をしていたので「学生時代に何かやっていましたか？」と質問すると「某強豪高校で野球をしていた」と言います。それもサードで打順も主軸のレギュラーです。

私も中学まで野球をやっていたため、それがどれほどすごいことかがわかります。この新人営業に「少しでも長所、財産と思えることを10個以上書き出してみてください」と宿題を出しました。

時間がかかったものの計10個の長所をリストアップしました。それはもう「なんと羨ましい！」と思わず言ってしまうほどの内容でした。彼は長所のリストアップのワークを経て自信を取り戻したようです。

この話を聞いて"その人は高校球児だったかもしれないが、私は本当に何もない"と思った人もいるでしょう。そんなあなたも実は既にたくさんの才能と財産を持っています。**あなたが当たり前だと思っていることの中にこそ、長所があるのです。**

タイピングが速い、お酒が強い…など何でもいいのです。

紙を取り出し"長所リスト"と題をつけ10個を目標に書き出してみてください。

どんなに些細な項目でも構いませんので精度にこだわらず数を重視してほしいのです。

リストの数が増えるほど自信につながり営業活動もうまくいきます。

リストUP↑ ＝ 自信UP↑

一生役立つ！

06

「経験がない」＝
「お客様視点に近い」

たとえば、あなたが一件も契約していないハウスメーカーの新人営業だとします。

そんな経験不足の新人営業が胸を張って「安心して私に家づくりのすべてをお任せください！」とはなかなか言い出しにくいものです。

家だけに限らず、お客様は「新人の練習台にされたくない」と考えます。これが新人営業の壁として立ちはだかります。

"経験がないから売れない"そして"売れないから経験が積めない"ではいつになっても先に進めないのです。

現実問題として現時点で契約がゼロであれば"経験がない"という事実を変えることはできません。

でも考え方は変えられます。

経験がないということは"ほぼ素人"であり、"お客様視点に限りなく近い"ということでもあるのです。

経験がないから何もできなくて仕方ないと逃げ腰になると、お客様も不安を抱きます。

先の例の場合、"経験がないのだから、家づくりに関しての疑問、不安点をお客様と一緒になって解決する"と考えてみてはいかがでしょうか。お客様の悩みを一つひとつ丁寧に聞いてみましょう。

また、初めてのことは事前に先輩や上司にアドバイスをもらうか、サポートしてもらうようにすると良いでしょう。

お客様の中には一定の割合で"ベテラン営業より新人営業が好き"という方がいます。新人営業のひたむきな姿勢がお客様の心を動かすときがあるのです。経験がないということも立派な強みになります。どんなにすごい営業も初めは実績ゼロです。

まず、お客様の悩みに耳をかたむけてみてください。

お客様目線で一緒に疑問解決

商品説明だけで終わらず、お客様に興味を持ち質問することが大事。質問力は実践の中で磨かれていきます。

経験がない分、お客様の気持ちに寄り添って不安点などを聞き出そう

一生役立つ！

07

「休息の技術」を持った人ほど結果を出す

"トップ営業は365日休まず頑張っている"というイメージを持っていませんか？　そんなことはありません。

実はトップ営業ほど上手に息抜きをしています。

"休むとき"と"やるとき"をしっかり決めているのです。

会社にはいろいろな締めがありますが、一般的に年次、半期、四半期、1ヵ月といったところでしょうか。また毎日の締めもあります。

たとえば月の締め日が近づくと「無理をしてでも数字を上げるぞ！」と思いがちになります。

また締め日が近づけば上司から「どんな形でもいいから契約を上げろ！」と追い込まれるものです。

そして締め日が過ぎ、次の期になると「やっとプレッシャーから解放された、一息つこう」と思ったりします。

ダメ営業はメリハリをつけないため、この緩んだ気持ちをいつまでも保って、ダラッとしてしまいます。

そして締め日が近づくたびに焦ってしまうのです。

これではいつまでも疲れが取れません。

一方、トップ営業はこのあたりの切り替えが上手です。

・定時に帰る日を決めて、好きなことをする時間を確保する

・あらかじめ有休を取り、遊びの予定を立てておく

・一日の中でも休息の時間を1〜2時間取っておく

・徹夜で仕事はせず睡眠時間は6時間以上確保する

などと決めてしまい、しっかり心も体もリフレッシュさせます。

休むときは休む、やるときはやる。

好成績を持続するためにはこういったメリハリが大切です。

オンとオフのメリハリをつける

たとえば…

毎日、仮眠の時間を取る
徹夜は禁止にして睡眠時間を確保する
毎月、有休を確保して遊びの予定を立てる
定時帰宅する日を決め、好きなことに時間を使う

ここがPOINT!

自分の中で「休むとき」を確実に決めてから行動しよう

一生役立つ！

08

「共通する4つの自信」が営業を強くする

ダメ営業時代の私は「会社のやり方が気に食わない」「あんな商品が売れるわけがない」など会社や商品の悪口を言っていたものです。

私はこのとき、大きな過ちを犯していました。

愚痴ることで"会社への自信""商品への自信"を自ら損ねていたからです。

会社の悪口を言えば会社から嫌われますし、商品の悪口を言えば商品の良さを伝えることなどとうていできなくなります。

評価も下がり、ますます売れなくなるのです。

一方、トップ営業は会社や商品の悪口を言いません。悪い部分も知っていますが、それ以上に良い部分を探し出して口に出すのです。

売れている営業は"4つの自信"が備わっています。

"会社""商品"の他に"職業への自信""自分への自信"があります。

4つのうちひとつでも極端に欠ければそのひとつに足を引っ張られてしまいます。

"リービッヒの最少律"というものがあるのですが、これは植物の生長速度の法則のことで、必要とされる栄養素のうち量の最も少ないものに影響されてしまうというものです。

あなたにもし実力があったとしても4つの自信のうちひとつでも欠けている部分があれば、それに足を引っ張られてしまうのです。

これではせっかくの能力が十分発揮できなくなります。

4つの自信のうちあなたに一番欠けているのはどれでしょうか？

その弱い部分が強化された瞬間、あなたの力が解放され一気に成績が伸びるのです。

Chapter 1 これからの営業に大事なこと

4つの自信を身につける方法

会社・商品への自信

会社、商品の良い部分を見つけて、口に出していってみる。友達や家族など身近な人に言ってみよう。

職業への自信

良好な関係のお客様、契約後のお客様と接点を多く持つこと。売り込みではなく、アフターフォローなど役立つ情報を発信すると感謝され、その感謝は自信につながる。

自分への自信

自分との約束を守ること。どんな些細なことでもできそうな約束ごとを決め、守り続ける。

ここがPOINT!
自分に欠けている部分を見つけて強化しよう

チェックリスト

1 営業とは、お客様から信頼されお客様の意思決定をサポートする人
☐ 営業職であることを誇りに思おう

2 新人でもお客様の前に出たら " 会社の代表 "
☐ 会社のイメージは「自分の行動」がつくっているという意識を持とう

3 営業力はすべての人に必要不可欠なもの
☐ 営業活動はお客様の前だけではなく、社内の人といるときも意識しよう

4 小心者のトップ営業は多い
☐ 謙虚な姿勢を持ち続けよう

5 長所の数だけ営業はうまくいく
☐ 10 個以上、自分の長所を書き出してみよう

6 「経験がない」はデメリットではない
☐ お客様目線を忘れずに行動しよう

7 休むことに罪悪感を持たなくていい
☐ 休むときとやるときのメリハリをつけよう

8 「4 つの自信」は営業を強くする
☐ 自分に足りない「自信」を見つけ出そう

営業力を鍛える練習 No.1

Q 次のA～Eのうち営業活動がうまくいかないと潰れてしまう職業はどれでしょうか？
当てはまるものに〇をつけてください。

A　飲食店・ショップ
B　ホテル・レジャー施設
C　銀行
D　税理士・弁護士
E　医者・歯医者

答えは次のページ ▶

営業力を鍛える練習 No.1

答えはA〜Eのすべてです。

解説 すべての職業においてお客様が来なければ売上がゼロとなり、もれなく倒産します。
飲食店やショップはお客様が来なければ物が売れなくなり閉店になる、といったイメージが湧きやすいでしょう。

これは銀行、税理士、弁護士、医者でも同様です。
どんなに素晴らしい会社であっても、どんなに素晴らしい資格を持っていたとしても肝心のお客様を集められなければビジネスとして成り立たないのです。
ということは、どんな職種であっても最大の課題というのはお客様を集めることになります。
また、起業を考えている方も、当然ですが営業活動が必須になるでしょう。

お客様を集めるための営業活動は企業で最も大切な活動になるのです。

営業職というのは会社の組織を支える屋台骨です。
営業職であることに自信を持って取り組みましょう。

Chapter 2 売れる営業の「身だしなみ」

最初の出会いから お客様をひきつける！

このような営業にならないために… **GO!**

一生役立つ！

09

売れる営業はなぜ 「見た目」に手を抜かないのか？

営業で結果を出すために"見た目が非常に重要である"というのはもはや常識です。しかしながら見た目を重視する人はそれほど多くないのが現状です。

お客様が営業に配慮して「見た目は感じ良くないが、中身はいい人かもしれない」などと思ってはくれないのです。

見た目で悪い印象を持たれれば、商談のテーブルに乗ることも無ければ、まともに話を聞いてもらえないのが現実です。

実際に、自分がお客様の立場になって考えてみてください。

ヨレヨレのスーツにクタクタのカバン、頭に寝癖がついている営業があなたの目の前に現れたらどうでしょう？　そんな人の話を誰が聞きたいと思うでしょうか。とくに住宅の場合、高額の契約になりますし、ほとんどの人にとって「一生に一度」の大きな買い物です。そこで営業がそのような身だしなみだと「この人に任せて大丈夫だろうか」と不安になるのも当然です。

これは住宅営業に限った話ではありません。

とくに何年もトップを走り続けてきた営業は清潔感にあふれ、姿勢もよく、細かい部分まで徹底して気を配っています。

トップ営業は「お客様がどう思うか？」を常に考えているのです。

営業活動を見直す前に、見た目について検討してみることをおススメします。

「髪型」「服装」「表情」など今一度チェックしてみましょう。

今現在いい結果につながっていないのは、実力が足りないのではなく、基本的な身だしなみのマナーを守っていないからということが案外多いのです。

会って5秒で第一印象が決まってしまう！

Chapter 2 最初の出会いからお客様をひきつける！

Check!

髪がボサボサになっていないか？
髭・鼻毛・爪は手入れしているか？
スーツやシャツは整っているか？

猫背になっていないか？
口臭・体臭は大丈夫か？
靴は磨かれているか？

ここがPOINT!

見た目を改善しただけでチャンスが一気に広がる

一生役立つ！
10

これが男性営業の理想の身だしなみ

- 寝癖がついていないかチェックする。
- サイズの合ったスーツを着る。
- アイロンをかけたワイシャツ。色は白or薄い青が好ましい。
- ネクタイは無地またはドット、ストライプ柄など。シンプルなデザインで。
- 袖口の汚れは目立ちやすい。
- 靴はきれいに磨く。

営業活動において身だしなみを整えることは非常に大切です。高価なものばかり揃える必要はありません。たとえば、安いワイシャツだとしてもクリーニングに出すか、アイロンをかけてシャキッとすれば印象は変わります。靴やカバンに関しても手入れを少しするだけでも違ってきます。**営業で結果を出すためには出会って数秒の印象が非常に大切**です。ポイントをおさえ、出会いの瞬間からお客様にいい印象を与えましょう。

一生役立つ！ 11

これが女性営業の理想の身だしなみ

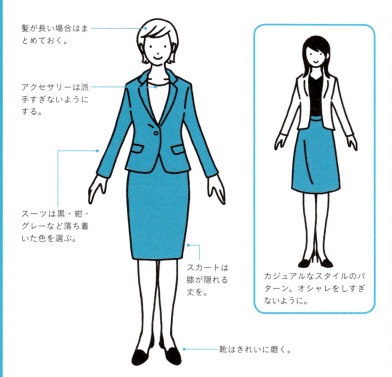

- 髪が長い場合はまとめておく。
- アクセサリーは派手すぎないようにする。
- スーツは黒・紺・グレーなど落ち着いた色を選ぶ。
- スカートは膝が隠れる丈を。
- 靴はきれいに磨く。
- カジュアルなスタイルのパターン。オシャレをしすぎないように。

女性は服装のバリエーションが多いため、男性よりも服装の選択が難しいものです。派手すぎてもダメですし、地味すぎてもお客様にいい印象は与えられません。やはり大事なのは"お客様がどう思うか"です。**オシャレかどうかよりも、営業活動で損をしない服装を選ぶ**べきです。女性営業は男性営業に比べて警戒心を持たれにくいというメリットがあります。その上、服装で好印象を与えることができればその後の展開は非常に有利になります。

Chapter 2 最初の出会いからお客様をひきつける！

一生役立つ！ 12

営業に必須の神道具

> **持ち物は「仕事へのこだわり」が出る部分でもあります。**
> 「仕事を真剣にしよう」と思っている人は持ち物にもこだわりますし、逆に「仕事は適当にしておけばいい」と思っている人は持ち物にもこだわりません。営業にとって、持ち物は服装と同様に重要です。

カバン

営業の持ち物の中でもカバンは大きな影響力があります。中身は整理整頓し、何がどこにあるか把握しておきましょう。なるべく自立するタイプのものが良いでしょう。営業でリュックタイプを使う人も増えていますが、手さげと兼用できるタイプが好ましいです。お客様のところへ着いたら手さげカバンとしてお使いください。

靴

男性はオーソドックスなデザイン（ストレートチップ）がおススメです。靴先のとがったものなど奇抜なデザインはNG。
女性は黒いパンプスが基本です。ヒールは5センチ程度が良いでしょう。「歩きやすいか」など機能面も重視しましょう。いずれも日ごろから手入れを怠らないようにしましょう。

靴下・ストッキング

靴下は基本的にはスーツの色に合わせましょう。
黒、濃紺、グレーが好ましいです。くるぶし丈はNG。
女性はパンプスを履く際には、ナチュラルカラーのストッキングと合わせましょう。いずれも穴が空いていないか注意。

時計

白フェイスで文字盤が見やすいものがベストですが、シンプルなデザインならOK。金色などの派手なものは避けましょう。携帯電話やスマートフォンを時計の代わりにするのはビジネスシーンではNG。

傘

ビニール傘で通勤する方も多いと思いますが、少し良いものにすると、営業先での信用も違いますし、自分の気分も変わります。折り畳み傘はカバンに入るサイズにしましょう。

ボールペン

ボールペンは粗品でもらったようなものを使うのではなく、少し高価なものを使うことをおススメします。お客様は細かいところまで見ているという意識を。

名刺入れ

名刺交換の際に必ず相手の目に入るものなので、くたびれたものは使用しないようにしましょう。カード類と兼用するのはNG。
スーツの内ポケットやカバンの中のすぐ取り出せる場所に入れましょう。

ハンカチ

ハンカチは2枚あると便利です。1枚目は自分用に、2枚目はお客様が困ったときにさっと渡せるように、きれいなものを用意しておきましょう。

ここがPOINT!

ボールペンや名刺入れなどの小物に少し高価なものを選ぶと、信頼度UP!

一生役立つ！

13

トップ営業は
足元を制する

"トップ営業は靴がきれい"という話を聞いたことがあるでしょう。
作法やマナー本にも必ずといっていいほど"マナーは足元から"と
いったことが書かれています。
どんな靴を履いているか？　どんな扱いをしているか？　と
いうことで営業のレベルがわかってしまうのです。
私が客として、ある商品を検討していたときのことです。
営業スタッフＡさんに自宅まで来てもらいました。Ａさんは玄関
の土間で靴を脱ぎ、手ではなく片方の足で雑に靴を端に寄せまし
た。その靴も汚れておりきれいではありません。それを見た瞬間
「なんだかＡさんから買うのは嫌だなぁ」と思ってしまったのです。
その後、営業スタッフＢさんに来て頂いたときのことです。Ｂさ
んは玄関を背にして丁寧に靴を脱ぎ、玄関ホールに上がってからき
ちんと靴を揃えました。またその靴も磨かれていてきれいです。そ
の瞬間「この人なら安心だ」という印象を持ちました。そしてＢ
さんから購入を決めたのです。
お客様は営業の靴をよく見ています。
また、靴の扱い方もよく見ているのです。
普段からきれいに手入れをし、丁寧な扱いを心がけましょ
う。
・ブラシを使ってほこりを取る
・シューズクリームで磨く
・シューキーパーを使う
といった通常のケアでいいのです。
靴を揃えるときは、お客様にお尻を向けず半身で行います。脱いだ
靴を玄関の隅の方に寄せるのも忘れないようにしましょう。

靴の扱い方で営業のレベルがわかってしまう

Check!
- ブラシでほこりを取る
- シューズクリームで磨く
- シューキーパーを使って形をキープ

Check!
- きちんと揃える
- 玄関では隅に寄せる
- 靴下の汚れや臭いに注意する

「この人なら大丈夫そう」

Chapter 2 最初の出会いからお客様をひきつける！

ここがPOINT!

靴はきれいに保ち、丁寧な扱いを心がけよう

一生役立つ！

14

第一印象を
最高にする名刺交換

名刺交換は営業活動の基本であり社内研修などで一番初めに教えられる営業マナーでしょう。

基本的なやり方ですが、名刺は名刺入れの上にのせて両手で渡してください。そして相手より先に渡すようにしましょう。その際「○○会社の営業担当の○○と申します」と名乗ります。相手の名刺を受け取るときも名刺入れの上で受け取ります。

その際、**名前を見て「○○さんとお読みすればよろしいでしょうか？」などと口に出して読み上げてください。**

名前の読み方で話が盛り上がることもありますし、なにより黙読するより何倍も記憶に残ります。

さらに別れた後、**顔の特徴や趣味をメモしておくと後でお会いした際に思い出すきっかけとなり便利**です。

ときどき、名刺入れをズボンのポケットから無造作に取り出す人がいらっしゃいますが、失礼にあたります。基本的にはスーツの内ポケットに入れておきましょう。

初対面の印象は出会いの一瞬で決まります。あなたがお客様の立場になったときのことを考えてみてください。

名刺交換をした瞬間に「この人はいい感じだ」もしくは「ダメだな」と判断するはずです。そんな中、きちんと名刺交換できれば「この人はきちんとした仕事ができそうだ」という印象をあたえられます。

お客様との出会い、仕事関係の出会いは名刺交換から始まります。

名刺交換の場から、他の営業より一歩リードしましょう。

出会いは名刺交換から始まる

1 名刺入れの上にのせて両手で渡す。
※相手も同時に差し出してきた場合は、片手で差し出しもう片方の手で受け取る。
このとき、相手の名刺の位置より少し下になるようにして差し出す。

2 名刺は相手に読める向きにして、自分の社名と名前を伝える。

3 相手の名前を読み上げたり、日付や顔の特徴、趣味をメモしておくと相手を思い出すきっかけに。

4 複数の場合は、基本的には役職が上の人から順に交換する。座っている順に名刺を並べると相手を間違えにくい。

ここがPOINT!

名刺交換時に相手の名前と顔を覚えるようにしよう

Chapter 2 最初の出会いからお客様をひきつける！

一生役立つ！

15

「ワンランク上」のアイテムが
セルフイメージを高める

持ち物の大切さについて、もう十分理解している方もいるでしょうが、中には「たかが持ち物くらいで営業成績にはたいして影響はないだろう」と考えている人もいるかもしれません。

実を言いますと過去の私がそうでした。

かつてハウスメーカーのダメ営業だった私は、お客様との商談に安物の使い込まれたカバンで臨んでいました。スーツは1年以上クリーニングにも出さず、ネクタイは激安ショップで買ったものを締めていたのです。入社して7年間ほどその状態でした。

それだけがすべての原因ではありませんが、成績は常に最低レベルでした。その後、やり方を変えた私は徐々に成績も上がります。思い切ってワンランク上のアイテムを購入し身につけてみたのです。すると効果は絶大でした。

良質な物を身につけたり、持ったりした瞬間にセルフイメージが高まるのを感じたのです。

実際にやってみて「だからトップ営業が持ち物に投資しているのだな」と理解できたのです。

トップ営業のセールストークや話術はすぐには習得できませんが持ち物を真似することは今すぐできます。

カバンやネクタイ、ボールペンなどの小物から、少し高めの新しいものに変えてみてください。

今すぐすべてを買い変えてほしいとは言いませんが、まずは騙されたと思ってひとつだけでも「ワンランク上」に変えてほしいのです。想像以上にモチベーションが上がる自分に驚くでしょう。

持ち物をアップデートしていこう

最新の持ち物が最高の持ち物

良質な物を身につけると……
モチベーションアップ！
セルフイメージアップ！

 ここがPOINT!

「ワンランク上」の持ち物はあなたのモチベーションもセルフイメージも上げる

チェックリスト

1 営業力はすぐには身につかないが見た目はすぐに変えられる
☐ 見た目を改善してチャンスを広げよう

2 出会って数秒の第一印象が大事
☐ 身だしなみは"お客様がどう思うか"を意識しよう

3 営業道具に仕事のこだわりが出る
☐ お客様目線を忘れずに、こだわりの道具を身につけよう

4 マナーは足元からということを忘れない
☐ 靴の手入れと揃え方に気をつけよう

5 名刺交換で営業のレベルがわかってしまう
☐ 名刺交換でライバルたちに差をつけよう

6 良い持ち物を持つとモチベーションが上がる
☐ まずはひとつだけ「いいもの」を購入して身につけてみよう

営業力を鍛える練習 No.2

Q 上司から「来週の月曜日に一緒にお得意さんの会社に挨拶まわりに行くから"きちんとした服装"で来いよ」と言われました。さてどんな服装で出社しますか？
当日の服装として正しいものに〇、正しくないものに×をつけてください。

- ☐ スーツとワイシャツをクリーニングに出しピシッとしたものを着ていく
- ☐ インパクトを与えるために派手なネクタイをしていく
- ☐ オシャレなスーツを購入して着ていく
- ☐ 靴をきれいに磨いておく

答えは次のページ ▶

営業力を鍛える練習 No.2

◯ スーツとワイシャツをクリーニングに出しピシッとしたものを着ていく

解説 シワのよったヨレヨレのスーツやワイシャツはお客様の印象を悪くします。
クリーニングに出すか自分でアイロンをかけておきましょう。

✕ インパクトを与えるために派手なネクタイをしていく

解説 初対面でインパクトを与えることより、まずは"誠実さ"を伝えるようにしてください。
紺、青といった落ち着いた色がおススメです。

✕ オシャレなスーツを購入して着ていく

解説 仕事の服装は自分が満足するかではなく、相手がどう思うかを重視してください。
オシャレな服装はプライベートでして仕事ではシンプルなデザインを選びましょう。

◯ 靴をきれいに磨いておく

解説 お客様は営業が履いている靴をよく見ています。
シンプルなデザインの靴をよく手入れして履きましょう。

Chapter 3 売れる営業の「トーク」

お客様が「つい話したくなる」コツ

一生役立つ！

16

営業に必要な
コミュニケーション能力とは？

トップ営業は"コミュニケーション能力が高い"というイメージをお持ちでしょう。

コミュニケーション能力によって営業成績が左右されることは、営業職の方でなくとも想像に難くないと思います。

ではそのコミュニケーション能力とはどのようなものでしょうか？

コミュニケーションとは人との交流であり、簡単に言えば、話をしたり聞いたりして「意思疎通をはかる」ことです。

営業に必要なコミュニケーション能力とは"聞く力"が大事になるのですが、そもそも相手が話してくれないのでは話になりません。

とくに初対面の人とは話が盛り上がらないものです。

実は円滑なコミュニケーションを取る上で最も大切なのは"自己開示"です。私は研修先で担当者と二人きりになることが多くあります。移動で10分、20分のときもあれば、食事を一緒に取る際は1時間、2時間以上になることもあります。

そんなとき、「この人とは話しやすい」と感じる人もいれば「話すことに困るな…」と感じることもあるのです。

その違いが自己開示をしてくれるかどうかです。

話しやすい方は"年齢、出身地、趣味"など自分のことを話してくれます。そういったきっかけがあるからこそ、こちらもいろいろと話ができるのです。しかし、ほとんどの方は自分のことを話しません。ですから、話のきっかけがつかめないのです。

うわべだけの雑談のみでは話が盛り上がりません。

コミュニケーションの成功のポイントはやはり自己開示です。

まずは身近な人から練習してみましょう。

普段から自己開示の練習をしてみる

トーク内容は「出身地」や「趣味・特技」に加えて、「ほどよい失敗談」や「自虐ネタ」なども相手の警戒心を解きやすい。

注意点
踏み込み過ぎた話・下世話な話は✕
長話になると自己主張が激しい人にみられて逆効果

ここがPOINT!
積極的な自己開示でお客様にも社内の人にも好かれる

一生役立つ！

17

目だけを凝視するの ではなく顔全体を観察する

人との会話、コミュニケーションを取る際「目を見た方がいい」と言われます。当たり前のことのように思えますが、これは意外にもハードルが高く、できない人も少なくありません。

実際、自分ではできていると思っていても相手はそう思っていないケースもあります。

若い男性営業からのご依頼で、個人コンサルティングをしていたときのことです。彼は私とほぼ目を合わせません。

話をしていて「何か不満でもあるのかな？」という感じがするくらいです。もし私がお客様で彼が担当営業でしたら「何か怪しい」という印象を持ちます。

営業ノウハウよりこちらの方が重要だと判断し、思い切って視線について指摘しました。

すると「えっ！ 目を合わせていませんか？」と驚いていたのです。彼は話し始めの一瞬だけはチラッと視線を合わせますが、その後は他の場所をキョロキョロと見ています。

でも自分では"きちんと目を見て話をしている"と思っていたのです。

視線の合わせ方について**「顔全体を観察するようにしてください」**とアドバイスをしました。

顔全体を見ることにはいいことがたくさんあります。

顔全体を見た方がお互いの緊張感を減らせますし、なにより**"金額の話をしたとき、口元が引きつっていた"といったお客様の心境の変化に気づく**ようになります。目だけを凝視するのではなく相手の顔全体を観察するようにしましょう。人と目を合わせるのが苦手だと思っている方はぜひお試しください。

お客様の表情から貴重な情報が手に入る

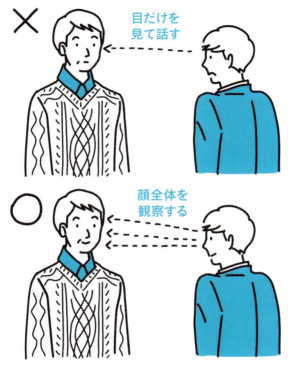

これ、不満や不安のサインかも…

口元が引きつっている
視線が落ちている
顔全体の表情が暗い

ここがPOINT!

顔全体を観察して「相手の本心」を見やぶろう

一生役立つ！

18

難しい話をわかりやすく 話すのが一流の営業

売れる営業は素人風に話し、ダメ営業は専門家風に話すものです。

この事実を思い知ったのは入社してすぐのことでした。

A先輩は知識が豊富で、とにかく専門家風にお客様に説明をします。

次から次へと専門用語やカタカナ語が飛び出し、聞いていて惚れ惚れするようでした。

いかにも売れそうで"いつかはこんなすごい説明ができるようになればな"と羨望のまなざしで見ていたものです。

その逆にB先輩は専門家風の話し方を一切しません。

お客様に説明する様子を見て"あんな簡単な説明で本当に大丈夫なのか"と感じていました。

しかし、意外にもA先輩より、B先輩の方がはるかに成績は良かったのです。

A先輩の**成績が伸びなかった原因は、自分の知識に酔い、お客様が初めて聞くような難しい用語を使いながら説明をしていたから**です。

これではいい結果には結び付きません。

一方B先輩はお客様に対して難しい用語を使わず、わかりやすく話します。相手の知識レベルに合わせて話すようにしていたのです。

今まで数多くのトップ営業にお会いしましたが、その方たちは総じてわかりやすく話をします。

商品知識が豊富なのはもちろんですが、**難しい話をわかりやすく伝えるスキルに長けています。**

このように難しい話をわかりやすく伝えるのも営業の大切な役割なのです。

結果を出す営業はあえて素人風に話す

自分の知識に酔って、難しい用語、カタカナ語を多用するのは避ける。

新聞、テレビ、ネット、SNS、本などを読んで情報収集＆語彙を増やす。

相手の知識レベルに合わせて、難しいことは噛み砕いて伝える。

Chapter 3 お客様が「つい話したくなる」コツ

ここがPOINT!

初めて聞く人でもわかる話し方を心がけよう

一生役立つ！

19

お客様の要望を声に出して復唱する効果

住宅営業時代のことです。

営業は正式な図面を描けませんから、お客様が伺った要望を設計スタッフに伝えなくてはなりません。資料や書面で伝えるのですが、細かいニュアンスが伝わらないため、電話で補足することもあります。

私が一番信頼していた設計Aさんは伝えた項目に対して「リビングを2畳大きくして家事コーナーを作るのとダイニングの窓を50センチ大きくすればいいんだね」と復唱してくれました。

このように**復唱してもらえると"依頼内容が正確に伝わった"と安心**します。

ミスはほとんどありませんでしたし、なにより"大切に扱われている"という感じがしたのです。

一方、設計Bさんは私が要望を伝えても「わかりました」と答えるだけです。返事だけですと"本当に伝わったかな"と不安を感じます。出来上がってから少し違うというときもありましたし、なによりそっけなく寂しい感じがしました。

依頼内容を十分理解していたとしても、復唱してもらえると安心するのです。

客の立場としても、多くの営業とお会いします。

その中で伝えた要望を復唱してくれる人は意外にも少ないのです。

本人は"メモしているから大丈夫"と思っているのかもしれません。

しかし、**復唱は"忘れる忘れない"の問題だけではなく"この人は私の話をしっかり聞いてくれる"というイメージを与える効果がある**のです。2、3項目質問したら要望を再確認してください。

そうすることでお客様はあなたに好印象を持つようになります。

コミュニケーションを円滑にする「復唱」の効果

○○と○○でよろしいですか

話し手の効果
・聞き間違いを防ぐ
・より記憶にとどめる

聞き手への効果
・伝わったという「安心感」がある
・「話がわかる人」というイメージアップになる

ここがPOINT!

いくつか質問したら要望を再確認する癖をつけよう

一生役立つ！

20

"真剣に聞いている" という姿勢を体で伝える

私は様々な業界からお声がけ頂き、研修や講演をさせて頂いております。私の本を読んで「ぜひ菊原さんの話を聞きたい！」という方ばかりならばいいのですが、そんなに恵まれた環境ばかりではありません。時には私のことなど誰も知らず、完全アウェイ状態もあります。人前で話をすると"あの人は話を聞いていないな"とわかってしまいます。

そんな中、大きく相槌を打ち"真剣に聞いてくれている"という姿勢の方がいると非常に勇気づけられるのです。

ある税理士事務所で講演させて頂いたときのことです。

どういう訳か2月に企画されていました。税理士さんにとって2月は1年で最も忙しい月です。1分でも無駄にしたくない時期に私の話を聞かされるのですから腹立たしく思うのは無理もありません。完全アウェイの中、一人の男性だけは身をのりだしメモをしながら大きくうなずいてくれます。これほどありがたいことはありません。この方がどんな人なのかを知る前に"この人は結果を出しているに違いない"と思ったのです。

その後、名刺交換をして話をしましたがやはり非常に向上心が高く、その業界でダントツの成績を残している素晴らしい人でした。この方のように講演会場には積極的に聞く姿勢を表してくれる人がいます。そういった人と名刺交換して話をするとやはりトップ営業であることが多いのです。**自分のリアクションは思いの他、相手には伝わっていないものです。多少オーバーにリアクションする意識を持つことが大事**でしょう。

人の話を"真剣に聞いている"といったことを体で伝える。トップ営業は必ず身につけているものです。

話し手が嬉しくなる3つのワザ

Chapter 3 お客様が「つい話したくなる」コツ

- 口角が上がった自然な笑顔。
- 大きなうなずき。
- しっかりメモを取る。

ここがPOINT!

お客様は話を真剣に聞いてくれる営業に好印象を持つ

一生役立つ！

21

これだけは避けたいこと、してほしくないことを聞いておく

営業活動において最も重要なのは"お客様の要望"をしっかりヒアリングすることです。予算、購入時期、好みなど一つひとつヒアリングしていきます。すんなり答えてくれるお客様ならばいいのですが、問題はどんな質問をしてもハッキリ答えてくれないお客様です。こういったケースはどうすれば良いのでしょうか？

おススメは答えてくれないお客様に対して"これだけは避けたいことは何でしょうか？"と聞くことです。この質問ならば、なかなか話してくれないお客様も何かしら答えてくれます。

要望がまとまっていないお客様でも"これだけは避けたい"ということはハッキリしていることが多いのです。

これを聞くことで外堀が埋まり、要望が見えてくることもあるのです。さらにヒアリング時に「私たち営業にこれだけはしてほしくないことはありますか？」と聞いておくことをおススメします。

この質問はお客様もわりとすんなり答えてくれますし、聞いておくと後々便利です。

・平日は電話で連絡してほしくない
・訪問は絶対にやめてほしい
・郵送物に会社名を入れてほしくない　…など

こういった情報はその後のお客様のアプローチに大変役立ちます。

連絡をする際、"平日は電話で連絡してほしくない"というメモを見れば電話ではなくメールで連絡しようと思います。

うっかり電話してしまい、お客様から嫌われることもなくなるのです。**やってほしくないことをヒアリングし、パソコンにデータで保管しておくか、お客様カードに記入**しておきましょう。

お客様がなかなか要望を話さないときの秘訣

1 お客様は避けたい・してほしくないことは話せることが多いため、ヒアリングをしておく。

2 お客様ごとに避けたい・してほしくないことを作成しておく。

 ここがPOINT!

"してはならないこと"をメモしておけば地雷を踏まずに済む

Chapter 3 お客様が「つい話したくなる」コツ

一生役立つ！

22

"商品購入後の世界"を イメージさせるポジティブ質問

前のページでこれだけは避けたいこと、これだけはしてほしくない ことをヒアリングする、といった話をしました。

ネガティブな情報の方が答えやすいのです。

生物は"快楽を求めるより苦痛を避ける方を優先させる"といった 性質を持っており、生き延びることを優先するために危険を避ける 方を重視する傾向があるからです。

しかし、ネガティブな質問だけでは「さあ、これから新し い物を買うぞ！」とはなりにくいものです。

避けたいことを聞いて外堀を埋めたら、今度はお客様が購入へ一歩 踏み出したくなるような質問をしてください。

とくに優柔不断なお客様は"検討している状態が好き"だったりし ます。迷っている状態を意識的か無意識的かはわかりませんが、と にかく楽しんでいるのです。

お客様を購入へと向かわせるには"購入した後の世界" をイメージしてもらうことが必要になってきます。

・この商品を購入したら誰に自慢したいですか？

・お子さんと一緒に使ったら楽しいと思いませんか？

・この商品を使ったら生活がどう変わりますか？　…など

このようなポジティブな方向へ進む質問をするといいのです。

"ネガティブ→ポジティブ"と2つの質問をセットにするといい流 れができます。

ぜひお客様とのヒアリングに取り入れてみてください。

66

Chapter 3 お客様が「つい話したくなる」コツ

ネガティブ質問→ポジティブ質問が効果的

ネガティブ質問
・営業にしてほしくないことは何ですか？
・これだけは避けたいことは何ですか？

2つの質問をセットにしよう

ポジティブ質問
・購入から1ヵ月後にどう生活が変わっていますか？
・商品を買って一番喜ぶのは誰でしょうか？
・この商品を購入したら、誰に自慢しますか？

ここがPOINT！
ポジティブな質問で商品を購入後の未来のビジョンを語ってもらう

一生役立つ！

23

話ベタのための
簡単セールストーク

私はアドリブが苦手だったため、接客するときにはある程度話す順番を決めておく"トーク設計図"を作成して使っていました。

基本的な流れですが**"挨拶→警戒心を解く→売り込まない→悩みを聞く"**といった感じです。生命保険のトップ営業の方とお会いしたときのことです。この方もトーク設計図を活用しており、私と似通ったパターンで話を組み立てていました。

話す内容はそれぞれ違いますが、**結果を出している人は"トークの組み立て"が非常にうまい**のです。

その方がこんな素晴らしい秘訣を教えてくました。

営業「トークは常に考えていますが、知らず知らずのうちに"自分の成績"を優先して考えてしまうことがあるんです」

私「確かにそういうときもありますね」

営業「そんなときは"このトークを兄弟にするか？"と問います」

私「兄弟ですか？」

営業「とくに兄は厳しい人ですから、ちょっとでも自分都合で話をすれば怒られます」

これは素晴らしいチェック方法です。

"お客様にこの順番でこのトークをすればいいぞ"というトーク設計図を考えます。その後"これを親や兄弟にするだろうか？"と問いかけてみるのです。一番仲のいい友人でも構いません。

親兄弟、親友に対してであれば、自分の成績のための売り込みはせず"その人に本当に有益なのか"といった内容になるでしょう。だからこそ他のお客様にも響くトークになるのです。

まずは今までしているトークに対して"このトークを親兄弟、親友にするか？"と自分に質問してみてください。

事前にトーク設計図を用意しておく

住宅営業の場合

各ポイントで話すトークを考えておく。

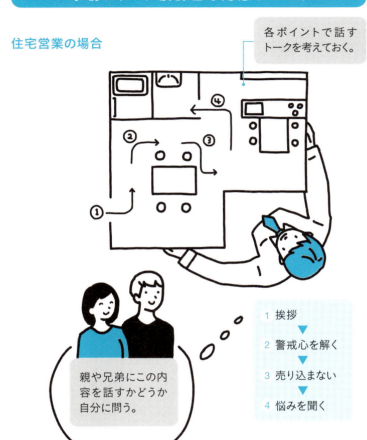

親や兄弟にこの内容を話すかどうか自分に問う。

1 挨拶
▼
2 警戒心を解く
▼
3 売り込まない
▼
4 悩みを聞く

 ここが POINT!

トーク設計図を頭に入れ、"このトーク内容を親や兄弟にするか？"と問いかける

一生役立つ!

24

売れる営業は
断り文句を真に受けない

住宅営業時代のことです。

接客での一番の壁はお客様からの「まだ先の話なのですが」という断り文句でした。住宅は一生に一回の大きな買い物ですから無理もありませんが、出会ってすぐにこのように言われると次の一手が打ちにくくなります。当時の私はこの断り文句を何とかしようと「先に延ばす理由があるのでしょうか?」とか「どうして今ではダメなのですか?」と理由を追及していました。

理由を聞くことができればその壁を突破できると思ったからです。しかしどんな聞き方をしても「とくに理由はありませんが、急ぎたくないので」などと誤魔化されるだけでした。当時の私は"この断り文句を何とか突破できる方法はないものか"と悩んでいました。じつは**警戒心の強いお客様はみな「売り込まれたくない」という気持ちを持っています。**ですから、売り込まれないように注意しようと「まだ先の話ですから」と予防線を張るのです。本音ではない場合が多いのです。「ここで買って安心なのか」「本当に良い買い物なのか」見極めているのです。本音ではないことに「どうしてですか?」と聞かれてもお客様は答えようがありません。ムキになって追及するのではなく挨拶代わりと軽く流せばいいのです。その後、私はこの断りに対して「そういったお客様もいらっしゃいますから、気にしないで見学していってください」とサラッと返すようになりました。それからはずいぶんとスムーズに話を進められるようになったのです。**出会ってすぐの断りは本当の断りではない場合が多いのです。断りを真に受けずに丁寧に接することを心がけましょう。**お客様のその言葉に対して"それでも問題ありませんよ"と受け入れることが大事です。

断り文句がきた場合はどうする？

たとえば…
理由を追及しない
挨拶代わりと受け流す

ここがPOINT!
出会ってすぐの断りは本当の断りではないと心得よう

一生役立つ！

25

商品の「デメリット」も
語れる営業になる

知人の紹介で金融商品の会社の方とお会いしたときのことです。

簡単に挨拶した後、商品説明がスタートします。

熱心な話ぶりは良かったのですが、商品のメリットを次々と続けて説明され"本当にメリットばかりなの？"と疑ってしまいました。

1時間程度説明を聞きましたが、結局私はその商品の購入を見送ったのです。

どんな優れたものでもデメリットがない商品はありません。

デメリットを全く話さないまま、メリットばかりを羅列されると胡散臭く感じてしまうものです。

私自身もこの失敗をし続けてきました。

ダメ営業時代の私は"お客様に対して当社の良さをぜひ知ってもらいたい！"との強い思いから、メリットばかりを強調して説明していました。私が熱心に説明すればするほど冷めていくお客様の反応を見てさらに"もっと強調して伝えなくては"と焦ります。そうして頑張れば頑張るほど売れなくなったのです。

この経験から、私はメリットだけでなく「当社は〇〇ができないという欠点もあります」とデメリットも正直に言うようにしました。その方が何倍も話を聞いてくれるようになったのです。その方がお客様は話を何倍も聞いてくれることを体験的に知っているのです。

ただしデメリット後のフォローも忘れないようにしましょう。「〇〇はできませんが、〇〇することで補うことができます」など、欠点を補えるようなフォローの準備をしておきましょう。

デメリットを話し、そのフォローもかかさない。そうすることで信頼度は増し、メリットがさらに引き立ちます。

会話の中にデメリットも織り交ぜる

○○は弱いのですが → ○○で使用する分には大変便利です

○○はできませんが → ○○することで補うことができます

デメリットを話した後にはフォローも大事。

ここがPOINT!

ほどよくデメリットも伝えることで、メリットが引き立つ

チェックリスト

1 営業で結果を出すためのコミュニケーションの秘訣は自己開示
- [ ] まずは自分のことを話して警戒心を解こう

2 目だけではなく顔全体を見て話す
- [ ] 顔を観察して言葉以外の情報を手に入れよう

3 初めて聞く人でもわかる話し方をする
- [ ] 難しい用語、カタカナ語の使用は最低限にしよう

4 お客様の要望を復唱することでお客様は安心する
- [ ] 十分理解していても復唱するようにしよう

5 トップ営業は積極的に聞く姿勢が身についている
- [ ] 少し大げさにリアクションを取るように心がけよう

6 避けたいこと、してほしくないことを聞く
- [ ] お客様が避けたいこと、してほしくないことはリストにしておこう

7 購入後の未来を語ることでいい方向へ向かう
- [ ] ポジティブな質問でお客様の購買意欲を引き出そう

8 結果を出している人はトークの組み立てがうまい
- [ ] 営業トークを身近な人にチェックしてもらおう

9 警戒心の強いお客様は「売り込まれたくない」気持ちがある
- [ ] 「まだ先の話」と言われても諦めないようにしよう

10 トップ営業は商品のデメリットまでも語る
- [ ] メリットだけでなく、デメリットも伝えよう

営業力を鍛える練習 No.3

Q お客様と商談をしています。お客様の要望を聞き取るためにいくつか質問しようと思います。
良い質問には〇、悪い質問には×をつけてください。

☐ この値段では高いでしょうか？
☐ 必要なことだけ質問してもよろしいでしょうか？
☐ お子様はいらっしゃいますか？

答えは次のページ ▶

営業力を鍛える練習 No.3

✗ この値段では高いでしょうか？

解説 営業から「この値段は高いでしょうか？」などと聞かれれば大抵のお客様は「そうですねちょっと高いですね」と答えてしまいます。こうなれば値引きするしかなくなります。
このような不利になる質問は極力避けてください。

◯ 必要なことだけ質問してもよろしいでしょうか？

解説 これは非常に効果的な言い方です。
「必要なことだけ」と言われるとお客様は"必要なことなんだから正直に話そう"と思います。この一言を付け加えるだけで正確な情報をヒアリングできるようになります。

✗ お子様はいらっしゃいますか？

解説 家族構成を聞くときにこのような質問をする営業がいます。
お客様の中には子どもがいない人もいますし、それを気にしている人もいるのです。
子どもの人数ではなく「ご家族は何人でしょうか？」と聞いた方が無難です。
できる営業はこういった細部まで気を遣っているのです。

Chapter 4 売れる営業の「商談」

最高の成果を出せる商談の掟

このような営業にならないために… GO!

一生役立つ！ 26

商談は「不安」を聞き出すことから

できる営業はまず"お客様が抱えている不安"を先に聞き出します。たとえば金額が気になっているお客様がいるとします。

"金額の話はできれば後にしたい"と考えるのが普通ですが「まず一番心配されている金額に関して何かご質問等ありますでしょうか？」とあえてこちらから質問するのです。

お客様の不安を解決してから、詳細の説明をした方がお互いストレスがなく話を進められることを知っているのです。

一方、結果が出ない営業は「まずはこちらをご覧ください。この商品の機能は…」と商品説明から入ります。

営業としては"商品をより理解してもらってから金額を伝えた方がいい"と思う気持ちはわかります。

しかし、**不安や不明点が解決しないまま話を進めてもお客様は商品の説明が頭に入りません。**

話を聞きながら"その話はいいから早く金額を教えてくれ"と思っています。その時間が長ければ長いほどイライラするのです。

また、研修先のトップ営業は「当社の印象についてネガティブな部分から聞き出します」と言っていました。その会社は"商品はいいけど高い"といったイメージを持たれています。そのネガティブイメージを吐き出させてからがスタートだと言います。

商談をうまく進める方は

【不安をすべて聞く】→【解決に向けた提案】

といった順番で話を組み立てます。

まずはお客様の心の中のつかえをきれいに取り除く。

商談がなかなかうまく進まないというお客様にぜひお試しください。

不安の大きい順に答えてあげることが重要

お客様の心のつかえを
取り除くことに専念する。

ここがPOINT!

まず不安を聞けば商談はスムーズに進んでいく

27 一生役立つ！

お客様からの「よくある質問」 の準備をしているか？

勉強会に参加しようと思ったときのことです。

この業界には大手2社があるのですが、ホームページを見て直感でA社に資料請求してみることにしました。数日後、電話がかかってきます。話を聞いて納得し、最後に「実はB社さんと迷ったのです。御社とB社さんの違いは何でしょうか？」と質問してみました。

すると担当者は「それほど変わらないのですが、好き嫌いですね」と回答したのです。素直でいいと言えばいいのですが、やはりここは「当社は○○の点でB社より優れています」と言ってほしいものです。"ほぼA社で決めよう"と思っていましたが、この一言で心が揺らぎB社からも話を聞くことにしました。結局あとから話を聞いたB社に決めたのです。これは非常にもったいないことです。

こういった質問は私だけでなく、他のお客様からも受けているはずです。であればよくある質問に対して、しっかりと準備しておくことが大切です。**準備さえしておけば契約を取り逃がすことなどなかった**のですから。私はハウスメーカーに勤務していました。お客様から「木造の住宅と比べてどういいのですか？」という質問をよく頂いたものです。ダメ営業時代の私は質問の明確な答えを用意しておらず「まぁ、どちらもいいところがありますよ」といった曖昧な答え方をしていました。こんな回答をする営業には相談する気になりません。このひとつの回答で他を当たろうと見限られてしまっていたのです。

お客様と話をしていて"またこの質問か"と思うことがあるでしょう。その回答をしっかり準備しておいてください。

新人営業は上司や先輩に過去の事例を聞いてみると良いでしょう。そういった項目が増えるほど商談への自信がつくものです。

よくある質問に即答するには…

Chapter 4 最高の成果を出せる商談の掟

よくある質問

\それはですね/

Q&A

質問に即答する準備

自社や商品の情報を正確にインプット
上司、先輩に過去の事例を聞いておく
お客様からあった質問は常にメモしておく

ここがPOINT!

お客様の質問に対して端的に即答できるように準備しておこう

一生役立つ！

28

内容の全体像を
伝えてから詳細へ進む

新入社員たちが販売をテーマにプレゼン大会をしたことがあります。
パワポで作成する新人もいれば、模造紙に書く新人もいました。
形式は多少違っていましたが、誰のプレゼンも似たりよったりです。
販売経験が浅いため仕方がない部分もあります。
しかし、別の営業所の後輩A君は一味違いました。
大きな模造紙に"**販売促進の3つのポイント**"と書いてあります。
それを見せながらまずは全体像を伝えます。
短い言葉でまとめてあり、どれも興味深い項目でした。
全体像を伝えた後"では一つひとつ詳しく説明します"と詳細に進んでいきます。内容はもちろんのこと、非常にわかりやすい構成になっていたのです。A君は新人時代から即戦力で活躍しました。
これはお客様との商談の構成に応用できます。
お客様に対して「今日は資金計画についてお話しますが、主に3つのポイントがあります」と言って全体像を伝えます。
それから「ではひとつ目のポイントついて詳しく説明します」と進めればいいのです。
この順番で説明することで、お客様は今どこで何の説明を聞いているかより理解できるようになります。
さらには自分自身も話がそれずにうまく進められるようになります。簡単にできて本当に実用的な方法です。話の順番がぐちゃぐちゃになり"いったい今何を話しているのだろう…"と迷うこともなくなるのです。この方法はお客様にも自分にもメリットがあります。お客様への説明の基本は"全体像を伝えてから詳細へ進む"ようにしましょう。

プレゼンの達人が多用する「ポイントは3つ」

メリット
お客様 ▶ 話の輪郭がハッキリしゴールがわかる
自　分 ▶ 話がそれずにうまく進められる

ここがPOINT!
先に全体像を「3つのポイント」として示せばスムーズに説明できる

一生役立つ！

29

商談は終了時間を
決めてからスタートさせる

ダメ営業からトップ営業になったときのことです。

アポイントが増えたのは嬉しいのですが、忙しくてとにかく時間が足りません。商談はもちろん、契約後の打ち合わせにも大幅に時間を取られるようになったのです。1日に5件、6件とアポイントを詰め込みます。ときには予定時間をオーバーして、次の予定のお客様とバッティングしてしまうこともありました。

約束通りに来ているお客様を待たせるのは心苦しいものです。

だからと言って打ち合わせ中のお客様に対して「そんなのはたいして影響ありませんから悩まないで早く決めましょう」とは言えませんでした。時間に追われながらの商談や打ち合わせはミスが多くなります。私にとってもお客様にとってもいいことはなかったのです。

そこで私は「本日は今から14時30分まで90分間〇〇の打ち合わせをさせて頂きます」と終了の時間を決めてからスタートするようにしました。たったこれだけで今までとは状況がガラッと変わります。今までは"ああでもない、こうでもない"と堂々めぐりをし、ひとつのオプションを決めるのに30分以上も考え込んでいたこともあります。

しかし**終了時間が決まったことで、今までの無駄だった時間が激減**しました。お互いに短時間で今までの何倍も濃い打ち合わせをすることができたのです。時間は限られています。時間を限定された方が集中力は高まるものです。

結果を出す営業は時間の大切さをよく知っています。

自分の時間だけでなくお客様の時間を奪わないためにも、終了時間をしっかり決めてから打ち合わせを始めましょう。

時間を限定した方が集中力は高まる

Chapter 4 最高の成果を出せる商談の掟

商談時間は「2時間以内」がベスト。

本日はいまから14時30分まで90分間〇〇についての打ち合わせをいたします

ここがPOINT!
終了時間を決めて中身の濃い商談にしよう

一生役立つ！

30

優柔不断なお客様への
商談の進め方

常にいい成績だった先輩はいつもひとつのプランで勝負するタイプでした。普通の営業は3つや4つの複数のプランを用意します。

じっくり要望を聞き取っていたからこそ、ひとつのプランで勝負できたのでしょう。先輩はいくつもプランを作成する私の姿を見て「そんな無駄な時間があったら他のお客様を探した方がいい」とよく言っていたものです。

しかし、そんな先輩が珍しく2つのプランを作っている姿を見かけました。

私が「あれ、2つプランを用意するなんて珍しいですね」と言うと先輩は「このお客様は優柔不断だから2つ用意して選んでもらわないと進まないんだ」と答えました。先輩は"じっくりヒアリングして一発で決める"という営業スタイルを貫いていましたが、お客様によっては自分の考えを変えていける柔軟性も持っています。だからこそ好成績を残し続けられたのでしょう。

確かに優柔不断なお客様に対して1プランだけで勝負するのは得策ではありません。私もよく経験しましたが、要望通りの提案をしても「う～ん、いいとは思うのですが…」とハッキリしません。

商談を繰り返してもなかなか先に進まないのです。このときに"捨てプラン"を用意して「この2つでしたらどうでしょうか？」と2択にして選んでもらいます。

"自分で選んだ"ということで自己説得効果になり、スッと話が進むこともあります。優柔不断なお客様に対してはあえて捨てプランを用意して臨んでください。捨てプランを作成する時間は無駄ではありません。その捨てプランがあるからこそ早めに話を進められるのです。

優柔不断なお客様に「2プラン」が良い理由

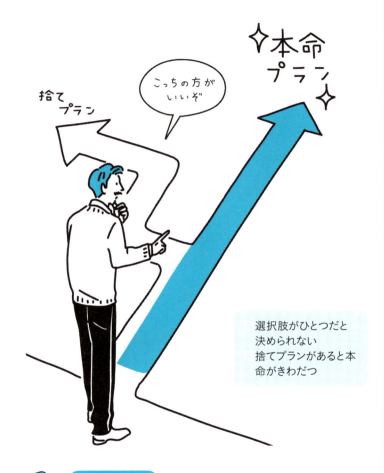

選択肢がひとつだと決められない
捨てプランがあると本命がきわだつ

ここがPOINT!
なかなか話が進まないお客様にはあえて捨てプランを用意して商談に臨む

Chapter 4　最高の成果を出せる商談の掟

一生役立つ！

31

共感の有無が
成功か失敗かの分かれ道

ダメ営業時代のことです。

一定の成績を下回ると研修センターへ送られることになっていました。そのときはうんざりしていましたが、今から考えると無料で研修を受けられるなんて非常に恵まれていました。

あるとき、研修の講師が登場し「私は一度たりともノルマを達成できなかったことはない！」と言い放ったことがありました。

その瞬間"こんな人にダメ営業の気持ちがわかるのかな"と不信感を持ったのです。その後も講師の話をきちんと聞く気にはなれませんでした。**初対面のトークで重要なのはズバリ"警戒心を解くこと"そして"共感を得ること"**です。

この場合であれば「私もダメだった時代があったのですよ」と一言でも付け加えれば印象は全く違ったでしょう。

この講師はお客様の心をつかみ、常に目標達成をしたかもしれませんが"私たちの気持ち"はつかめなかったのです。

結果を出す営業は共感のステップを必ず踏みます。

ある営業とお会いした際「この資料を見て"本当かなあ"と思う人も多いのですが菊原さんはどう思われますか？」と質問されました。その一言だけで共感を持ち、その営業の話を真剣に聞くことができました。このように**共感が起こった理由は"こちら側の気持ちを先読みして伝えてきた"から**だと思います。共感を得ずに「早速ですがこちらをご覧ください。こちらの商品は…」と説明してきたら間違いなく引いていたでしょう。いきなり説明ではなく"この人なら私の気持ちをわかってくれそうだ"という印象を持ってもらうトークを準備しておきましょう。

その一言で商談はいい方向へ向かいます。

共感をつかめなければ商談は失敗する

挨　拶 → 商品説明 → 警戒を強めて失敗 ✕

↓

共感のステップ

↓

警戒心が解け始める ◯

共感を得るには…お客様の気持ちを言い当てる！

例　断り文句でもある「検討したい」を言われる前に、「検討したいというお客様が多いのですがお客様もそうでしょうか？」と先に言う…など。

ここがPOINT!

挨拶の後は共感のステップを踏もう

一生役立つ！

32

いきなり敗戦したのではなく必ず前兆はある

何かに騙されたとき、振り返ってみれば "あの話はちょっとおかしかった…" などと後から気がつくことはありませんか？

私にも何度か経験がありますが、話を聞いているときは気分が盛り上がり、意外に気がつかないものです。話だけではなく、思い返してみれば "何となく服装が怪しかった" などということもあります。とにかく、こういった細かい部分は騙された後に気がつくものなのです。もちろん騙した方が悪いに決まっています。しかし、騙された方も "事前にできること" があったはずです。いつまでも恨んでいるのは得策ではありません。

それよりその経験を踏まえて「今回の件は勉強になった。今後はもっとしっかりチェックするようにしよう」と大きな学びとして捉えた方がいいのです。これはお客様との商談でも言えることです。

お客様と商談していて「今回は申し訳ありませんが、他社で決めました」などと断られることもあります。

そのときは「えっ、突然どうして！」と驚きますが、よくよく考えてみれば「そういえば、2回前の商談の時から隣に座っていた奥さんの様子が変だった」なんてこともあるのです。

・目線を合わせなくなった

・お客様からの質問が減った

・アポイントが取りにくくなった　…など

今日はちょっと**いつもと違うと気がついた時はそのままにせず、不安要素をしっかりヒアリングする**べきです。いきなり商談に敗戦したのではなく、必ず前兆はあります。お客様の様子をしっかり観察して、変化を見逃さないようにしましょう。そうすることで勝率はグッと上がってきます。

商談失敗の原因はどこかにある

ひとつでも当てはまったら要注意

目線を合わせなくなった
質問が減った
アポイントが取りにくくなった

ここがPOINT!

アンテナを高くしてお客様の違和感を見逃さないようにしよう

Chapter 4　最高の成果を出せる商談の掟

一生役立つ！

33

見積書は
ツーステップで出す

相談に来られる営業から、よく「金額を提示した途端、商談が潰れてしまう」といった悩みを聞きます。

金額の相違により話が消えてしまうケースが多いのです。

お客様によっては金額を提示しても「まあ、このくらいでしょうね」と言ってくれる場合もあります。

しかし、「えっ！ こんなにかかるの！」と驚かれ、一気に引かれてしまうケースも少なくありません。

商談を重ね、時間と労力を費やしたお客様に見積書を出した途端話が潰れるのは非常にこたえるものです。

このような悩みを抱えている営業に対し「見積はツーステップで出してください」とアドバイスするようにしています。

まず1度目はヒアリングして第1回の提案書(たたき台)を出すときにざっくりとした金額を伝えておきます。

私の場合、一枚の用紙に最低限の項目だけ載せておき「月々の支払いですが6万円から7万円の間くらいになると思います」と幅を持たせて説明しました。

このステップによりお客様は"このくらいだったら支払っていけるだろう"と安心してくれるのです。

この時点でお客様が難色を示したなら金額などを修正します。

それから商談を続け、最後に見積明細を出すのです。

ワンクッションおいているので「こんなに高いの！」と驚かれることもありません。 一度概算見積を出しているので、最後の最後に明細を出しやすくなります。

最後にドーンと出すのではなく、ツーステップで見積を出してみてはいかがでしょうか？

1回目はたたき台→2回目に見積明細

1 最初のたたき台では幅を持たせた金額を提示しておく。

2 1回目の金額に難色を示したら修正を加えて2回目で明細見積を出す。

ワンクッションおくことが大事!

ここがPOINT!

一度、前もって概算を伝えて様子を見てみよう

一生役立つ！

34

クロージングに
必殺トークは存在しない

多くの営業から「クロージング（契約の締結）は難しい」といった悩みを頂きます。

クロージングが苦手な人はクロージングの場面になると必殺トークでなんとか仕留めようと考えます。

残念ですが、そのようなトークは存在しません。

あなたが商品を購入するとします。

営業に「今買わないと後悔しますよ！」などと、決め台詞を言われたから買うのでしょうか？

そんなことはないはずです。

担当の方とのやり取りの中で「この人なら大丈夫」と思い、契約することに安心感を持った上で、自ら買う意思を伝えるものです。決め台詞などより、お客様との関係を構築することを考えた方がいいのです。

この基本をおさえた上で、ひとつクロージングをご紹介します。

商談が進み、いよいよ契約というお客様に対して**「これから先の詳細打ち合わせについては契約後になります。話を進めてよろしいでしょうか？」**と打診します。

OK でしたらできる限り近い契約日を決めて、契約の手続きに進みます。

この言い方でしたら NO と言われても後戻りできます。

お客様が「まだ金額で迷っている」と言ったとしても「では金額についてもう少し打ち合わせをさせてください」と自然に商談に戻れます。「契約してください！」と結論を迫り、拒否されたら終わりなのです。ぜひこのクロージングトークをお試しください。

「決め台詞」ではお客様を落とせない

結論を迫るのは控える

「NO」の場合でも後戻りできるように

ここがPOINT!

クロージングトークは後戻りできるようにしておこう

一生役立つ！

35

「買った後」の心配を するのが本物の営業

ダメ営業はお客様に買ってもらうための提案をしてしまいます。

一見親切に見えるのですが、買った後のことは考えず"とにかく今すぐに売れる方を優先しよう"と考えているのです。

私は大きなミスをしたことがあります。

お客様との商談がまとまり、無事引き渡したときのことです。

当時はお客様には「本当に感謝しています」とまでいっていただけました。

しかし、引き渡しから1ヵ月ほど経過したときに、隣家ともめているとのお話を聞きました。エアコンの室外機の風が隣家の植木に直撃し枯らしてしまったり、下水道の位置が非常識だということを指摘されたとのことでした。そこで結局、お客様がお金を払い、室外機や下水道の移動工事をすることになったのです。

この件で私の評価は一気に下がってしまいました。結果的にお客様に損失を与えたわけですから当然のことです。

本来であればお客様が住んだ後のことも十分考慮しなくてはなりませんでした。私はお客様と契約してもらいたいという思いが先に立ち、予算だけを合わせました。要するに"このお客様に買ってもらえるかどうか"だけを考えて提案してしまったのです。

こうした提案は時間が経つにつれメッキがはがれボロが出ます。

トップ営業はお客様が商品を買ってくれるかどうかよりも、買った後に困らないかどうかにも気を遣って提案してくれます。

そういうスタンスの営業はいつまでも信頼され、必要とされるのです。

| お客様の未来を想像してみることが大事 |

 ここがPOINT!

商品がお客様に渡ってからどうなるかに気を配って提案しよう

チェックリスト

1 お客様の心のつかえをとれば商談はスムーズになる
☐ お客様が不安に思っていることから説明しよう

2 お客様からの質問に明確に答える準備をする
☐ よく聞かれる質問リストを作成しよう

3 お客様にわかりやすい説明をする
☐「ポイントは3つ」といって全体像を伝えよう

4 終了時間がわかれば効率よく商談が進む
☐ 終了時間を決めてから話し始めよう

5 お客様が自ら選べば話は進む
☐ 比較のためのプランを用意しよう

6 初対面のポイントは警戒心を解いて共感を得る
☐ 本題に入る前に相手との距離感を縮めておく

7 商談失敗には必ず理由がある
☐ お客様の言動に違和感を感じたら質問してみる

8 見積はツーステップで出す
☐ ワンクッションおいてから見積を提示しよう

9 クロージングに必殺トークは必要ない
☐ 必殺トークは使用せず、後戻りできるように進める

10 トップ営業はお客様の買った後も心配する
☐ お客様が商品を買ってから数年後どうなるかまで考え
　て提案する

営業力を鍛える練習 No.4

Q お得意様から新規のお客様を紹介して頂き、早速アポイントを取ってお会いすることができました。
このお客様の話の進め方についてどちらの方がいい結果になるでしょうか？

A 簡単な挨拶をした後「早速ですがこちらをご覧ください」と言って商品の説明をスタートする

B 商品説明の前に「当社の商品Aについて何か知っていることはありますか？」と質問してみる

答えは次のページ

Bが正解

解説 Aのパターンで商談を進める営業が非常に多くいらっしゃいますが、営業から一方的に説明されるとお客様は警戒心を強めます。
どんなに上手に説明してもです。
そうではなく、まずお客様に質問することをおススメします。
お客様は商品について質問されると、知っている範囲内で答えてくれます。
面と向かって悪口を言うお客様は少なく、「ネットで調べてきましたが口コミもいいですね」といった具合にいいことを言ってくれる可能性が高いのです。
このようにお客様自ら商品を褒めてくれれば、自己説得効果が働きいい方向に話が展開します。
仮に「知らない」と言われた場合でも心配する必要はありません。
知らないというのですから説明する必要があります。
今度こそ臆せず堂々と説明すればいいのです。

Chapter 5 売れる営業の「営業ツール」

電話・メール・手紙・SNSを最大限に使いこなす！

このような営業にならないために… **GO!**

一生役立つ！

36

ワントーン高い
"明るい声"がもたらす効果

電話対応を苦手とする人が多くいます。

ただ、そんなに難しく考えることはありません。

まず、電話対応というものは一定の会話パターンがあり、それを覚えてしまえばいいのです。

とはいえ新人の場合は電話に出てもあたふたすることもあるでしょう。私自身も電話対応を得意としてはいませんでした。

このままではマズいと思った私はその後、電話に出るときのセリフを紙に書きだし、車の中で「お電話ありがとうございます。○○ホームの菊原です」と練習しました。馬鹿げているように感じますが、この練習は効果があり、すんなり言葉が出るようになったのです。電話対応は毎回同じことを言い、他の人に取り次ぎ、不在ならメモを取るというワンパターンの作業です。クレーム処理以外はそれほど難しくありません。そう気づいたことで自信につながり声に張りが出てくるようになりました。**電話では姿が見えませんから、声の要素は非常に重要**になってきます。元気な声で電話に出てくれるだけで好印象を持つものです。電話で営業する時も同じです。

電話にはワントーン高く元気な声で話すように心がけていました。電話をかける際はもちろんのこと、着信で誰からの電話かわかれば「○○さん！　お世話になります！」と元気にお客様の名前を呼ぶようにしていました。時には「その声を聞いて文句を言う気がなくなったよ」とお客様からいわれたこともあります。もし暗い声で「もしもし…」と出ていたら状況はずいぶん違っていたでしょう。**こちら側の暗い声は、心理的に相手も暗くさせてしまいます。**お客様からの電話には明るい声で対応する。様々な状況でいい方向へ向かうようになります。

できる営業の電話対応の仕方

はい、○○社でございます。

一定の対応パターンをインプットしておく。

第一声からワントーン高く話す。

不安ならカンペを用意しておく。

ここがPOINT!

電話するときは「ワントーン高い明るい声」を意識しよう

一生役立つ！

37

「調べてかけ直す」は 5分以内がベスト

契約したお客様から建物の装備についての確認の電話を頂いたことがありました。手元に資料が無かったため「調べてかけ直します」と言って電話を切ります。ちょうど他の仕事をやっていたため、途中で手をとめたくありません。電話の様子から"急ぎじゃないだろう"と勝手に判断し、後回しにしたのです。

その油断が命取りになりました。

1時間後にそのお客様から「先ほどの件はどうなりましたか？」と催促の電話をもらってしまいます。私が「すみません、今から調べます」と答えると、お客様は激怒し「もういいです！」といって電話を切ってしまったのです。

おそらくお客様は「簡単な問い合わせだからすぐにかかってくるだろう」と思って待っていたのでしょう。それが1時間経っても何もないのですから、怒るのも無理はありません。その後、信頼関係を回復するのにずいぶんと時間と労力を費やすハメになったのです。

このときの私には**「既に契約しているお客様だから大丈夫」といった慢心**がありました。もし、この問い合わせが、まだ契約していないお客様からでしたら、今やっている仕事を即座に止め5分以内に連絡したと思います。「調べてかけ直します」という場合は5分以内に電話するように心がけましょう。それ以上時間がかかる場合は「ちょっとお時間を頂くので〇時くらいにまた電話します」と伝えた方がいいのです。

「すぐに」や「あとで」といった曖昧な返事は避けましょう。こういった気遣いができる人が結果を出すのです。

たった一言付け加えるだけでお客様をイライラさせずに済みます。

「返事は迅速に」を心がける

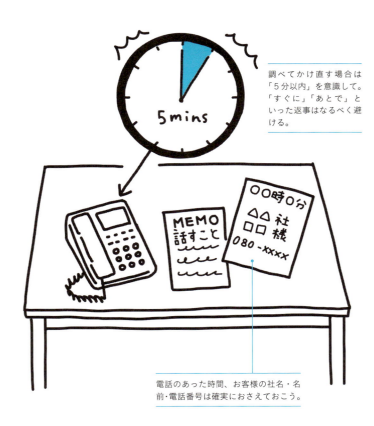

調べてかけ直す場合は「5分以内」を意識して。「すぐに」「あとで」といった返事はなるべく避ける。

電話のあった時間、お客様の社名・名前・電話番号は確実におさえておこう。

ここがPOINT!
調べてかけ直すのは5分以内で、時間がかかるならその時間を伝えておく

Chapter 5 電話・メール・手紙・SNSを最大限に使いこなす!

一生役立つ！

38

問い合わせの商品がないとき、別の引き出しはあるか？

ネットで商品を探していたときのことです。

購入の手続きをしようと進んでいくと、最終的に在庫切れとなっていました。どうしてもほしかったため、メールで問い合わせをしました。こういった場合、結構時間がかかったりしますがこの会社からは30分もしないうちに「この商品は〇〇の部分が手に入らなくなり生産できない状態になっています」と返事が返ってきたのです。素早い対応に好感を持ちました。

ですが"非常にもったいない"とも思いました。仮にそのメールに「Aの商品はご用意できませんが、非常に形が似かよったBという商品もあります。よろしければご検討ください」などと書いてあれば高い確率で購入したでしょう。

たとえ**問い合わせの商品が無かったとしても別の提案をして逃がさないようにしてほしい**のです。

私の仕事のスタンスですが、お問い合わせ頂いた仕事は何とか協力したいと考えています。以前、知り合いの編集者から私の守備範囲外(経済学について)の原稿を書いてほしいとの依頼がありました。さすがに難しい分野だったためお断りしましたが、せっかく声をかけてくれたのです。ただ断ったのでは申し訳ありません。

そこで「経済学については書けませんが"営業に必要な経済の知識"でしたら協力できます」と提案しました。編集者の方は私の提案を受け入れてくれました。もしあっさり断っていたらその仕事はもちろん、その後の依頼もなかったでしょう。

お客様からの問い合わせはチャンスです。対応が難しいことであっても"何か手があるかもしれない"と考えてみてください。

引き出しの多い営業になる

問い合わせの商品がない場合

| 素早く返答する
類似品を提案する | 別のおススメ商品を提案してみる |

※提案をする前に、「頂いたお電話で恐縮ですが…」「よろしければ…」などクッションとなる言葉を添えましょう。

ここがPOINT!

プラスアルファの一言でチャンスをつかもう

39 一生役立つ!

相手が電話に出なかった後、放置するのはダメ営業

研修のため電車で移動中のことです。

携帯に着信がありましたが、電車内だったため電話に出られませんでした。

講師あるあるですが、このように研修中や移動中によく電話がかかってきたりします。

その着信の方の名前を見ながら"なんの電話だったのだろう"と思っているところにショートメールで"研修の日程変更の件でお電話しました。詳しくはメールをお送りさせて頂きます"とメッセージが届いたのです。

電話のすぐ後にメッセージを送ってくれるといった行為をみて「気遣いのできる人だな」と感じたのです。

こういった気遣いができる人は意外に少なく、**実際はメッセージを残さない人の方が圧倒的に多い**のです。

登録されていない番号のときはさらに困ります。

着信を見てかけ直しても出ないケースも多いですし、会社に「1時間ほど前に私の携帯にお電話を頂いたようですが」と電話しても、違う人が出て「ちょっとわかりませんね」と冷たく切られるときもあります。

とにかく用件がわからない着信履歴はモヤモヤします。

自分がそうされたらイライラするでしょう。

着信があり、メッセージがないと何の用件だろうと気になるものです。

簡単で構いませんので、留守電に入れるか、ショートメールなどでメッセージを送ってください。

留守番電話orメールを送ることを忘れずに

自分にとっては些細なことでも、相手にはモヤモヤが残るもの。

留守番電話orメールで用件を残しておこう。

Chapter 5 電話・メール・手紙・SNSを最大限に使いこなす！

ここがPOINT!

電話をかけっぱなしするのはやめよう

一生役立つ！

40

相手の都合を考えずに
電話する営業は嫌われる

投資会社の担当営業スタッフのＡさんのことです。

Ａさんはいつも月曜日に電話をしてきます。

月曜日は大学の授業日なので、なかなか電話に出られません。

たまたま電話に出た際「月曜日は大学の授業日ですから他の曜日にしてください」とお伝えすると、Ａさんは「わかりました。今後は気をつけます」と言ってくれました。

しかし、次に電話がかかってきたのはまた月曜日です。

その着信履歴を見て「あぁ、忘れちゃったのかぁ…」と心底ガッカリしました。Ａさんの他にも電話をしたことで自らチャンスを潰している営業が少なくありません。

少しでも相手のことを考えればわかりそうな"わかりやすいミス"をする人が非常に多いのです。

「なぜこの時間？」と首をかしげてしまうような時間にかけてくる営業はその上さらに、留守番電話にメッセージを入れません。

入れたとしても「またかけ直します」とだけ入っている場合がほとんどです。しかも"かけ直す"と言っておいてかけ直してきません。

このような約束を守らないのも不信感につながります。

こういった行動パターンの営業は、テレアポをすればするほど売れなくなるのです。

基本は**電話するなら相手の都合のいい時間帯を考えてください。相手の貴重な時間を使っているという意識を持ちましょう。**

テレアポはやり方によっては効果が得られます。

せっかくやるなら結果が出るようにきちんと考えてから行いましょう。

電話のミスでチャンスを失っている営業は多い

Chapter 5 電話・メール・手紙・SNSを最大限に使いこなす！

相手の都合のいい時間を把握しておく
留守番電話のときはメッセージを残す

ここがPOINT!

相手の都合のいい時間帯に電話するようにしよう

一生役立つ！

41

「3秒で理解できる資料」になっているか？

あなたがお客様に商品情報を記載した資料を直接送るとします。

そのとき"せっかく送るのだからいろいろと知ってもらいたい"と思い、多くの情報を詰め込んでいませんか？

実はそれは逆効果になります。忙しい中、ぎっしりと文字が書き込まれた資料など読まないのです。

ライバルは他社の営業が送っている資料だけだと思ってはいけません。SNS、TV、ネット、ゲーム、本、家族との時間…などなど強敵ぞろいなのです。

他に楽しい選択肢がたくさんある中、文字がぎっしり書かれた資料が送られてきたらどうなるでしょうか？

きちんと読んでくれるお客様はほとんどいないということは想像に難くないでしょう。

お客様は資料を見たとき、3秒前後で「必要か？　それとも必要でないか？」を判断します。

最後までじっくり読んでから必要かどうかを判断するという人はまず、いないのです。

私自身、今までたくさんの資料を作ってきました。作成する上で一番注意していたのは**"お客様が開封してから3秒で何が書いてあるかわかるようにする"**ということです。

そのためにイラストを使ったり、図解にしたりと見た瞬間、理解できるように工夫しました。

あなたが今送っている資料を"3秒で理解できるか？"という観点で一度チェックしてみてください。

この点を改良すれば必ず反応は良くなります。

良い資料は見た瞬間にわかる

悪い資料 →
- 文字だけの羅列
- 難しい言葉の多用

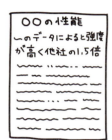

良い資料 →
- ポイントがハッキリしている
- 図やイラストを使用している

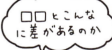

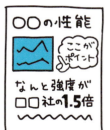

ここがPOINT!

自分が資料を受け取った立場になり、"3秒で理解できるか"チェックしてみる

一生役立つ！

42

"営業からの年賀状"に効果はない

先日、住宅会社の社長から「年賀状は数が多すぎるので、去年からクリスマスカードを送ることにしました」という話を聞きました。こちらの方が断然効果があると言います。

年賀状は親しい友人やお世話になっている人から届きます。それも何百枚と。ライバルが多すぎるのです。

そんな中それほど関係が出来ていない営業から"あけましておめでとうございます！ 今年は…"という年賀状が届いたらどうでしょうか？ じっくり読むというお客様はまずいません。

送らないよりはマシという程度でしかないのです。

出す方も効果を感じられないので、気合いも入らないでしょう。営業活動のためにと思うのであれば、**営業が書く年賀状の費用対効果は少なすぎます。**

その点、クリスマスカードを送っている会社はほぼありません。

ライバルが少ない分、読まれる確率は高くなります。

クリスマスカードの他にも"誕生日カード"や"名前の由来のハガキ"なども効果的です。

同じように時間と労力とコストをかけるのでしたら結果が出る方がいいに決まっています。

結果を出している人は競合がひしめく"レッドオーシャン"で勝負しようとは思っていません。

売れる営業は他の営業がやらない"ブルーオーシャン"を常に狙っています。

発想を少し変えるだけで同じ労力で得られる結果は何倍も違ってくるものです。

トップ営業は"他がやらないこと"を狙っている

「業界がやっていないこと」「社内でやっていないこと」を探しだしてみる。

ここがPOINT!

レッドオーシャンではなくブルーオーシャンを狙おう

Chapter 5 電話・メール・手紙・SNSを最大限に使いこなす！

一生役立つ！

43

メールで伝えるべきこと
メールで伝えてはいけないこと

まずはメールのマナーですが、
・件名で内容がわかるようにする
・相手の会社名を正式名称で書く
・相手が読みやすいように長文をひかえる、改行をもちいる
・署名欄に会社名、部署、名前、アドレス、電話番号、住所を記載
しておく
といった基本の基本をおさえるべきです。

その上で結果を出す営業になるために守ってほしいことは"メール
で送る内容"と"メールで送らない方がいい内容"を知るというこ
とです。**言いにくいこと、頼みにくいことこそメールでは
なく直接お会いして伝える、もしくは電話で伝えた方が
いい**のです。

これは多くの方がなかなか守れていないマナーのひとつだと思います。

たとえば、スタッフに対して「こんな無理な仕事を頼んだら怒られ
るだろうな」という仕事をお願いしなくてはならないときもありま
す。

こんなとき「言いにくいからメールで伝えよう」と思うかもしれま
せん。しかし受け取った相手はどうでしょうか？

「こんな大変な仕事をメール1本で済ませやがって」とムカッとし
ます。**お客様は重要な用件をメールだけで済まそうとする
スタンスに幻滅する**のです。このメール1本で今まで積み上げ
てきた信用が一気に崩れてしまうこともあります。直接、顔を合わ
せたり声を聞いたりすれば相手も大目にみてくれます。

言いにくい内容こそ直接会ってお願いする、状況によっては電話で
伝えてください。

116

メール・電話・訪問の使い分け方

メールは時間に縛りがなく履歴が残る
- 情報提供をするとき
- 打ち合わせ、飲み会の日程を伝えるとき
- リマインド(再確認)の必要があるとき

…など

電話はすぐに用件が伝えられる
- 急な時間の変更、場所の変更
- 遠距離で詳細なやり取りをするとき
- 急な延期、キャンセル

…など

訪問は「感情」が一番伝わる
- イレギュラーな依頼をするとき
- 細かいニュアンスを伝えたいとき
- 謝罪をするとき

…など

> ここがPOINT!
>
> 用件によって連絡手段を使い分けることが大事

一生役立つ！
44

名刺交換後の
お礼メールで差をつける

私は普段から研修先や交流会などで数多くの営業とお会いします。その際、名刺交換をするのですが、営業からメールが届くことはほとんどありません。研修先の営業は百歩譲っていいとしても、交流会に参加している人はビジネスチャンスを求めて時間とお金をかけて参加している人のはずです。そういった人たちがお礼メールを送らないというのは理解に苦しみます。

今まで数多くの会に参加しましたが、**名刺交換しても10％前後の人しかお礼メールを送ってこなかった**のです。

ということはお礼メールを出した時点でその他大勢からちょっとだけ抜け出せるということになります。

さらに、せっかくお礼メールを送るのであればひと工夫することでさらに印象に残るようになります。

ほとんどの方は「その節はありがとうございました」といった内容が書かれているだけです。

メールを頂くことは嬉しいのですが、印象には残りにくくなります。

先日お会いして好印象だったメールには"昨日、お話に出た方のHPのアドレスを送ります。ぜひご参考になさってください"と書かれていました。**"お会いしたときの話に関連した内容且つ情報提供"を頂いたことで非常に印象に残った**のです。

名刺交換したらまずは感謝の気持ちを込めてメールを送るようにしましょう。その上、相手に役立つ情報を提供できれば、さらに印象に残り次につながります。

ぜひ、ワンランク上のお礼メールを送ってください。

印象がアップするお礼メールの例文

お礼メールは翌日の午前までに

株式会社××
〇〇様

お世話になっております。
△△です。

昨日の交流会では、貴重なお時間をとって頂き誠にありがとうございました。
〇〇様との話の中で、ビジネスのヒントを得たことを心より感謝いたします。
今後ともご指導ご鞭撻のほど、どうぞよろしくお願いいたします。

追伸
お話に出た会社のURLを送ります。
http://www.
こちら参考になさってください。

しっかりと感謝の意を伝える。

追伸で、その人の役に立ちそうな情報提供を。

ここがPOINT!

会話に関連した内容＋情報提供で相手の印象は数倍UPする

一生役立つ！
45

これだけは覚えてほしい SNSマナー

過去に「会社の愚痴を SNS でつぶやいて大変なことになった」という失態をした営業がいました。彼は自分の SNS にて「この会社思った以上にブラックだよ」などと思わずつぶやいてしまい、それを上司がたまたま見つけてしまい大問題になったのです。結果的に、会社からは、厳重注意を受けることになりました。ただ、その程度であればまだマシです。それよりもっと怖いのは、ライバル会社に情報が漏れることです。

あなたの知らないところで、ライバル会社の営業がチェックしているなんてこともあるのです。研修先のハウスメーカーの営業から「面白い SNS を見つけましてね」と教えてもらったことがありました。見るとライバル会社の営業が「構造的に○○の大きさのリビングが取れない」とつぶやいていたのです。こういった情報は、他社の営業からすると非常にありがたい情報になってきます。その弱点をつけばいいからです。この営業は知らず知らずのうちに、ライバル会社に知られてはならない情報を漏らしていることに気がついていなかったのです。そしてライバル会社だけではなく、**"お客様にも見られている"可能性があることを忘れてはいけません。**

SNS は非常に便利なツールであることは間違いなく、仕事で使うなと言っているわけでもないのです。実際、うまく活用している営業もたくさんいます。ただ、そういった人は少数です。だからこそチャンスがあります。

SNS の取り扱いについて軽視している人が多い中、マナーを守り、ポイントをおさえ活用すれば、結果は出てくるものです。

「SNSでクビになる」は他人ごとではない

日本のSNS利用者は7216万人に及ぶ
（2017年10月時点：株式会社ICT総研調べ）

いつも"ライバル社"や"お客様"に見られているという意識を。

Chapter 5 電話・メール・手紙・SNSを最大限に使いこなす！

ここがPOINT!

マナーを守ってSNSを使いこなそう

チェックリスト

1 元気で明るい声が幸運をよぶ
☐ ワントーン高い声で電話に出てみよう

2 調べごとで相手を待たせない
☐ 5分以上待たせるなら時間を伝えよう

3 問い合わせの電話はチャンスである
☐ お客様の立場になって話す内容を考えよう

4 電話のかけっぱなしはマナー違反である
☐ 留守電に手短にメッセージを残そう

5 相手の都合を考えて電話をする
☐ 相手の都合の良い時間をおさえておこう

6 「3秒で理解できる資料」にする
☐ 図やイラストがあり、ポイントをおさえた資料をつくろう

7 みんなが送らなくなった物を送ってみる
☐ 暑中見舞い、クリスマスカードを送ってみよう

8 用件によって連絡手段を使い分ける
☐ 謝罪はメールで済まさないようにしよう

9 ただメールを送るだけではもったいない
☐ お礼メールにちょっとだけ役立つ情報を追記しよう

10 SNSの使い方に十分注意する
☐ SNSのマナーを守ってビジネスで活用しよう

営業力を鍛える練習 No.5

Q 会社での電話の対応において正しいものに〇、正しくないものに×をつけてください。

☐ 電話が鳴ったら3コール以内に出る
☐ よく聞き取れないときは「お電話が遠いようですが」と言う
☐ 用件が終わったらすぐに電話を切る
☐ テキパキとハッキリ話す

答えは次のページ

営業力を鍛える練習 No.5

⭕ 電話が鳴ったら3コール以内に出る

解説 会社にかかってきた電話はできるだけ早く取りましょう。
4コール以上待たせた場合には「お待たせしてすみません」と一言添えてください。

⭕ よく聞き取れないときは「お電話が遠いようですが」と言う

解説 お客様によっては非常に聞き取りにくい話し方をする場合があります。
そんなときは「お電話が遠いようですが」と伝えましょう。
こう伝えることで相手はゆっくりハッキリ話してくれます。

❌ 用件が終わったらすぐに電話を切る

解説 相手が電話を切ってから受話器を置くようにしてください。
相手にガチャという音を聞かせないようにしましょう。

⭕ テキパキとハッキリ話す

解説 電話では回りくどい言い方を避け、手短にテキパキと話してください。
また相手が聞き取りやすいようハッキリと話すことがポイントです。

Chapter 6 売れる営業の「職場関係」

社内を味方につける
コミュニケーション術

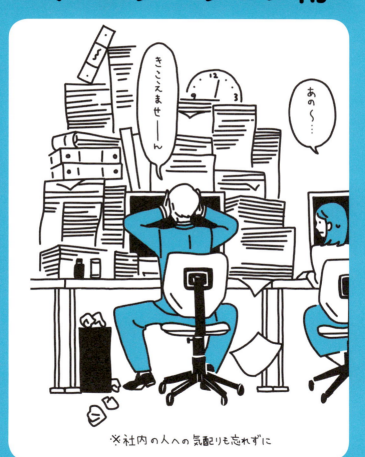

このような営業にならないために… **GO!**

一生役立つ！

46

結果を出し続ける営業は 社内にも気を配る

30代のＡさんが転職で入社してきたことがありました。

Ａさんは以前、別の住宅会社でも働いていた営業経験者です。

Ａさんは自分のスタイルを確立していたようで、営業方法について聞いてくることはありません。黙々と仕事をしていました。

しかし困ったことに"契約さえ取ればあとは関係ない"といわんばかりの態度で、朝と帰りの挨拶くらいしか話をしません。

あえてコミュニケーションを取らないようにも感じました。

私たちも仲良くしようと試みたものの態度が一向に変わらないため、なかなか距離が縮まらなかったのです。

また契約のためならばと同僚とよくぶつかっていました。

もともと弁護士を志していたということもあり、弁が立ちます。

しばしばスタッフを言い負かしていたのです。

気づけばＡさんに協力する人は誰もいません。

Ａさんは社内で完全に孤立してしまい短期間で会社を去ることになったのです。

営業は一人の力でできることはごくわずかです。

チームワークの良さは自分の力以上のものを発揮させてくれます。

長く活躍する営業はそのことを良く知っています。

ですから、**お客様との関係と同じようにまわりの仲間やスタッフとの関係を大切にします。**

"契約さえ取ればあとは関係ない"と言う態度ではなく、積極的に仲間とコミュニケーションを取るようにしましょう。

トップ営業は普段から「気配りの準備」も万端

たとえば…

- ハンカチは自分用に1枚、困った人用に1枚もっておく
- ボールペンは貸せるように1本多めにもっておく　…など

 ここがPOINT!

まわりの人の協力なしでは長期間結果を出し続けることはできない

一生役立つ！

47

「言うべきことの先延ばし」 はデメリットしかない

建築中のお客様と現場で打ち合わせしていたときのことです。

出来上がった収納を見て「これじゃダメです。もう少し大きくしてください」と指摘がありました。

この収納は現場監督と私とお客様でじっくり打ち合わせをして決めました。しかも大工さんに無理を言って結構な時間をかけて作ったものです。

これを「壊して作り直してください」とはなかなか言えません。

お客様に時間もお金もかかることをよく説明したのですが「一生に一度のことなので絶対に妥協したくないのです」と引き下がりませんでした。さすがにこれは現場監督にも大工さんにも言いにくく、しばらく黙っていました。

"言いにくいが言わなくてはならないこと"を抱えているとき、どうしても気分は晴れないものです。この時間は何をしていても楽しくありません。お酒を飲んでも少量で翌日に残るし、何を食べても胃がもたれました。もちろん営業活動も最低です。

心に余裕がなくなりまわりの人に攻撃的になってしまい、コミュニケーションもうまくとれませんでした。

先延ばしにしても問題は解決しませんし、時間が経てば経つほど状況は悪化します。そこで私は腹をくくり、アポを取り、頭を下げてお願いしました。現場監督は怒りましたが、大工さんは怒りながらも「まあ、そう言うことならしょうがない」と許してくれたのです。

怒られたものの、何より言えたことで"胸のつかえ"がスッとなくなったのが何より良かったと思いました。言いにくいことこそ早く言う。その方が問題も大きくなりませんし、悶々とした日々を過ごさずに済みます。

128

怒られたとしても早く伝えた方が仕事が進む

仕事を滞らせないためにも「嫌なこと」、「言いにくいこと」はすぐに対処しよう。

 ここがPOINT!

「言いにくい」ことほど最優先で報告しよう

一生役立つ！

48

まわりの人を配慮して 仕事をしているか？

お世話になっている編集者と会ったときのことです。

この方は「隣の先輩から"キーボードを打つ音で気が散って仕事にならない"と怒られた」と言っていました。

それからは静かに打つようにしているらしいのですが、今まで全く気にしたこともないと言います。

自分でも気がつかないうちにまわりの人に迷惑をかけている場合もあるのです。

案外、仕事をしているときの"隣の人からの音"は気になるものです。

とくに集中力が必要な仕事のときはちょっとした物音でさえ邪魔に感じます。私にも経験があります。

同じ営業所の先輩は仕事が乗ってくると"左右に体を揺らす癖"がありました。横の席だったので、どうしても目に入ります。

仕事をしながら「また始まったよ」と気になって仕方がなかったのです。他にも、定期的に"チェッ"と舌打ちする人もいれば、"はぁ〜"と長いため息をつく癖がある人もいました。

おそらくこう言った人たちには"まわりの人に迷惑をかけている"といった感覚はありません。

気づいていないのですから直しようもないのです。

時々、仲のいい人に「変な癖がない？」と聞いてみてもいいでしょう。仕事をしているとき、まわりの人のことを配慮できる人がどれほどいるでしょうか？

2人以上で働いている人はぜひ自分以外の人のことも考えてください。お客様に向ける10%でも構いません。

それだけで職場の関係はもっと良くなります。

> その癖、迷惑行為になっているかも…

職場の迷惑行為例

キーボードを強く叩く
舌打ちする
ため息をもらす
貧乏ゆすり

独り言
臭いがきつい
通路に私物を置く
風邪のときにマスクをしない

> ここがPOINT!

自分の癖がわからないのなら思いきって人に聞いてみよう

Chapter 6 社内を味方につけるコミュニケーション術

一生役立つ！

49

悩みを打ち明ける人が
うまくいく

お会いする営業から「会社での人間関係に悩んでいる」といった悩みをよく聞きます。

そういった人たちの話を詳しく聞くとまわりの人に弱みを見せないように距離を取り、強がっていることがわかります。

自分からバリアをはってしまっているので、なかなかいい関係を構築できないでいるのです。

住宅営業時代、2人の後輩がいました。

同時期に入社してきた2人ですが、後輩Aはプライドが高く弱音を吐かないタイプでした。明らかに困っている状況だったので「もし困っていることがあったら手伝うよ」と声をかけたことがありました。しかし、何食わぬ顔をして「大丈夫です。問題ありません」とはねのけたのです。

おそらく"一人で解決する姿を見せたい"と考えていたのかもしれません。しかし、こういった態度を取られるとメンバーから次第に距離を置かれるようになります。

彼は人間関係のストレスにより、会社を去っていきました。

一方、後輩Bは何でも話してしまうタイプです。

仕事のことからプライベートのことまで「菊原さん、聞いてくださいよ」と毎日のように悩みを言ってきます。

鬱陶しいなと思うこともありましたが、すぐに仲良くなったのです。**悩みを打ち明ければ距離は縮まり、強がれば距離を置かれる**ものです。

思い切ってまわりの人に悩みを打ち明ける、もしくは相談してみましょう。それだけで一気に距離が縮まることもあります。

自分のバリアを取り払う勇気

悩みを打ち明けると、心情的にお互いの距離が縮まる。

ここがPOINT!

強がっていると相手の距離は縮まらないと心得よう

一生役立つ！

50

どうしても嫌いな同僚とは どう接するか？

会社で円滑なコミュニケーションを取ることでストレスなく仕事ができるようになるものです。

みんなが協力し合って仕事をしたらどんなに楽しいでしょうか。

協力どころか邪魔ばかりしてくるといった"この人だけは許せない"といった人がいるかもしれません。友達関係であれば付き合わなければ済むことです。しかし、会社の仲間ではそうはいきません。

嫌でも毎日顔を合わせなくてはなりませんし、同じチームでしたら協力し合う必要があります。

こういった人たちとどう付き合っていけば良いのでしょうか？

私には「ヤツだけは許せない」といったA君がいました。

嫌いな人が一人でもいると精神衛生上良くありません。

あるとき、A君に関して「彼は過去に辛い経験をしてきたんだ。少しひねくれていてもしょうがない」と思うようにしました。

これは私が勝手に作ったイメージです。

事実でなくともそう思うだけで彼を許せ、ずいぶんと精神的に楽になりました。

こちらが攻撃的でなくなると相手の態度も変わってきます。

気づいたときには今までがウソのようにいい関係になれたのです。

生まれながらの悪人はいません。

今そうなっているのには何らかの理由があります。この考え方は苦手なお客様や理不尽なクレームが来たときにも使えます。

その理由が確定しなくても**「わざわざ人に嫌われるようなことをするのだから、何か理由があるのだろうな」と思うだけでも違ってきます。**

まずは自分から変わるようにしましょう。

相手への見方を変えてみる

Chapter 6 社内を味方につけるコミュニケーション術

ここがPOINT!

嫌いな人を許すと自分の心もスッと軽くなるもの

一生役立つ！

51

「痛いところをついてくる」人は近くにいるか？

あなたの"足りない部分を指摘してくる人"が何人いるでしょうか？「頑張っているね。きっとすぐに結果が出るようになるよ」といった**耳触りのいい言葉を言ってくれる人はいても「痛いところをついてくるな」という人は少ないもの**です。

私には何人かそういった手厳しい意見を言ってくれる人がいます。

時間が経ってからそのアドバイスが身に染みたりします。

結果的に"あのアドバイスを頂いて良かった"となるのです。

私自身も書籍やネットで情報発信しているため、叩かれることもあります。

ネットでの記事で叩かれる、アマゾンで酷評される、などなど。

以前は見るたびに落ち込みましたが、最近こういったコメントはそれほど気にならなくなりました。

そうではなく、「菊原さんには〇〇といったことが足りないですね」と直接言われたことに対してはやはり精神的にこたえます。

しかしこれは私のことを真剣に考えてくれた意見であり、これほどありがたいものはないのです。

あなたもネガティブな指摘を受けることがあるかもしれません。

ただの罵詈雑言は気にする必要はないですが、**あなたのことを心から思って手厳しい言葉をいってくる人をぜひ大切にしてください。**

将来のあなたにとって非常に貴重な存在なのです。

厳しい人を疎ましく思うのではなく「ありがたい存在だ」と思うようにしましょう。

ただし、パワハラまがいの過度な叱責をしてくる人がいれば、すぐに会社に報告するようにしましょう。

その言葉は「自分の悪い部分」に気づくチャンス

手厳しい言葉でもときには素直に受け入れることが大事。

※理不尽な叱責や無視などパワハラにあたる行為は会社に報告するようにしましょう。

ここがPOINT！

厳しい意見を言ってくれる人はあなたを成長させてくれる人である

Chapter 6 社内を味方につけるコミュニケーション術

一生役立つ！

52

「お客様を守る」 営業になる

営業には今期の目標やノルマがあります。

ノルマが達成できない場合、ついつい自分の利益だけを考えてしまうものです。さらには上司から「決算期までに結果を出せ」と毎日のようにプレッシャーをかけられます。

このプレッシャーに耐えきれず、お客様に無理を言ってしまうこともあるのです。

私にも経験がありますが、**お客様の都合を無視して自分の利益や上司の都合を優先したケースでうまくいったためしはありません。**

「もう少し時間をかけて考えたい」というお客様に対して「今月末までに契約してください！」と迫ったこともありました。

しかし、こんな無理なお願いをしたところで、契約してくれるほど甘くはありません。焦ったがためにせっかくの契約のチャンスをいくつも潰したのです。仮に契約が決まったとしてもこのやり方では営業としての限界がすぐに訪れるでしょう。

自分のノルマも上司からのプレッシャーもお客様にはなんの関係もありません。 もしあなたが買う立場だとして、営業が「ご契約頂かないと私の立場がないんですよ！」と迫ってきたらどうでしょうか？ よっぽどほしいものでない限り、購入を見送るでしょう。逆に「今月より来月契約した方が○○さんのためになりますから急がなくていいですよ」と言ってくれたら、心底信頼するはずです。上司からの「あの客を今月中に絶対落とせよ」というプレッシャーに負けて言いなりになるのではなく、お客様のことを心から考えて話を進めましょう。

そういった営業だけお客様から信頼され、生き残っていくのです。

138

自分や上司の都合 ≦ お客様の都合

お客様を最優先で考える

Chapter 6 社内を味方につけるコミュニケーション術

ここがPOINT！
焦らず信頼関係を構築するのが結局は一番の近道になる

チェックリスト

1 売れる営業は社内でも気を配る
☐ ハンカチを2枚持つ、ボールペンを余分に持つなど気配りの準備をしておこう

2 言いにくいことを言えばスッキリする
☐ 嫌なことはできる限り早めに報告しよう

3 まわりの人の音は意外に気になるもの
☐ 誰かに迷惑をかけていないか時々気にしてみよう

4 悩みを打ち明けてくる人に親近感を持つ
☐ 思い切って今抱えている悩みを打ち明けてみよう

5 まずはこちらから好きになるよう努力する
☐ どうしても嫌いな人には勝手にイメージをつくってしまおう

6 痛いところをついてくる人は大切にする
☐ アドバイスには素直に耳をかたむけよう

7 お客様を守る営業になる
☐ 「自分のノルマ」「上司からの命令」に振り回されすぎないようにしよう

営業力を鍛える練習 No.6

Q ビジネス、会社のコミュニケーションにおいて正しいものに〇、正しくないものに×をつけてください。

- ☐ 「お礼はいらない」と言われたときはお礼をしなくていい
- ☐ コミュニケーションを深めるポイントは「時間」ではなく「接触回数」
- ☐ 頼みにくいことは対面で依頼する

答えは次のページ

営業力を鍛える練習 No.6

✕「お礼はいらない」と言われたときはお礼をしなくていい

解説 仕事を手伝ってもらった際、「お礼はいいから」などと言われることがあります。
そういった場合は対応に迷うものです。
いらないと言われた場合でも必ずお礼をするようにしてください。物でなくても付箋に一言、感謝の言葉を書いて渡すのでも構いません。感謝を形にして残すようにしましょう。

◯ コミュニケーションを深めるポイントは「時間」ではなく「接触回数」

解説 人は接触回数が多いほど親しみを感じるようになる"ザイアンスの法則"というものがあります。
長時間のコミュニケーション1回より、普段の5秒の声がけを繰り返した方が距離は縮むのです。

◯ 頼みにくいことは対面で依頼する

解説 頼みにくい仕事をお願いする際、どうしても"言いにくいからメールで済まそう"と思いがちになります。
通常の依頼ならまだしも、無理な依頼を文字で伝えるのは非常に難しいのです。ひとつ表現方法を間違えれば相手を怒らせ、修復不可能な関係になってしまうこともあります。頼みにくい仕事こそ直接会って顔を見ながら依頼するようにしてください。

Chapter 7 売れる営業の「モチベーション」

やる気を引き出すために必ずやっておきたいこと

このような営業にならないために… GO!

一生役立つ！

53

モチベーションを 下げる要素を見える化する

ダメ営業時代の私は「モチベーションさえ上がってくれればな」と よく思っていたものです。

いきなり営業センスが抜群になることはなくても、モチベーション さえ上がればなんとか結果が出ると思っていたからです。

しかし活動日の大半はやる気の出ない日ばかり。

「どうすればモチベーションを上げられるのだろうか？」と常に考 えていたものです。

本、CD、研修などに投資し、いろいろと試したのですが本当の意 味でモチベーションを上げることはできなかったのです。

一方、**トップ営業はモチベーションを上げようとはしませ ん**。モチベーションを常に高い状態に保つことはできないことを 知っているからです。

上げることではなく**「何がモチベーションを下げている原因 なのか？」**と考えます。

"お客様から断られる恐怖"や"クレーム"という場合もあります。

また"たまっている書類"や"月末の会議"というのもあるでしょう。

まずは何がモチベーションを下げる原因になっているかを探し出す ことが大切なのです。どういうワケかやる気が出ない…という人は、 何が意欲を減退させているか、実際に紙に書いてみましょう。

原因がハッキリすれば対処法が見えてきます。

解決できる問題は解決すればいいですし、解決できないのであれば それ以上悩んでも無意味です。

ネガティブな要素を見える化するだけでも十分効果があ ります。モチベーションを上げる要素ではなく、下げている要素 を探し出しましょう。

「モチベーションダウン」リストを作ろう

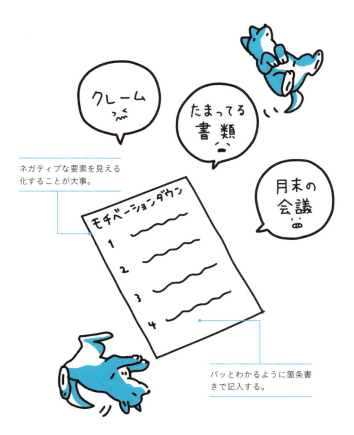

ネガティブな要素を見える化することが大事。

パッとわかるように箇条書きで記入する。

Chapter 7 やる気を引き出すために必ずやっておきたいこと

ここがPOINT!
原因を解明すれば糸口が見えてくる

一生役立つ！

54

仕事のスイッチを入れる
ルーティーンを持つ

営業活動が大好きで朝からやる気満々という人はそれほど多くありません。

ほとんどの方はモチベーションが上がらず困っているものです。

研修先でお会いした若い営業の話です。

彼は朝出社すると必ず、契約になったお客様と一緒に写っている写真を見るといいます。

その写真を見ることで "いい結果" をイメージします。

こうして営業活動に取り組むとうまくいくと言うのです。

この "お客様との写真を見る" という行為が彼にとっての "モチベーションを上げるためのルーティーン" になっているのです。

誰でも行動せずに「ああ、今日もだるいな」などと考えグズグズしていれば、どんどんネガティブになるものです。

こんな状態で営業活動をスタートさせてもうまくいきません。

そうなる前に "これをやるとモチベーションが上がる" といったルーティーンを考えておくといいのです。

人によっては「机の中身を整理していると気分が上がる」という人もいますし、また「軽く体を動かすと不安が吹き飛ぶ」という人もいます。

営業活動をしていれば不安な気持ちに襲われるものです。

それをそのまま野放しにしてはなりません。

「なんだか気持ちが落ち込んできた」というときのためのルーティーンを準備しておきましょう。

仕事のスイッチはありますか？

「机の中身の整理」「軽いストレッチ」など簡単にできるルーティーンがおススメ。

ここがPOINT!

自分の気持ちが上がるルーティーンを見つけておこう

一生役立つ！
55

トップ営業はスランプに
陥ったときに何をする？

トップ営業とお会いしたときのことです。その営業は波もなく安定して契約を取り続けているように見えます。

私はその秘訣を聞こうと、このような質問をしてみました。

私「成績表を見せて頂きましたが、波がないように見えますが」

営業「そんなことないです。いつもギリギリですよ」

私「では、調子の悪いときはどうしていますか？」

営業「そうですねぇ、調子が悪いときは"こういう時期も必要だ"と考えます」

私「なるほど、**スランプも必要だと考える**のですね」

営業「ずっと調子がいいなんて無理ですし、そんなときこそ自分を見つめ直せますから」

この話を聞いて「なるほど、だからいつもいい精神状態で営業ができるんだな」と感心しました。

多くの営業スタッフは調子が悪くなると「何とかしてこのスランプから抜け出さないと」と慌てだします。

行動すること自体はいいのですが、時として冷静さを失い、決めかねているお客様に「今月決めて頂かないとこの条件は二度と出せませんよ」などと強引にクロージングしてしまうこともあります。

こうして取れるはずの契約を潰してしまうのです。

無理なことをしてますますスランプにならないように注意しなくてはなりません。誰でも"今は低迷期だ"というときが訪れます。

そんなときこそ"こういう時期も必要"と考えてほしいのです。

こういった時期に今まで気づかなかった大切なことに気がつくかもしれません。

ずっと調子のいい営業なんていない

スランプも必要だと考えると、いい精神状態で営業ができる。

こういう時期も必要だ

Chapter 7 やる気を引き出すために必ずやっておきたいこと

成績が落ち込んだときに、「強引に契約を取ろうとする」「同僚を蹴落とそうとする」といった行為は後々自分が損をするだけです。

ここが POINT!

スランプは振り払おうとするのではなく認めよう

一生役立つ！

56

無駄と思うことには "意味づけ" で対処する

営業時代に「これはほんと無駄だな」と思う仕事のひとつが、上司に提出する "報告書等の書類" でした。

会社としては営業がどんな行動をしているか把握したいと考えます。当たり前のことです。

ですが報告書は作成に時間と労力がかかるにもかかわらず、たいしたフィードバックはありません。

最重要フォローの A ランク客の報告ならまだマシです。

的を射たアドバイスを頂けることもありますし、仮に間違っていても何らかのフィードバックがありましたから。

しかし "中長期のお客様の訪問計画" などはなんのリアクションもありません。

営業のほとんどが「こんなもの作っても時間の無駄だよ」と思っていたものでした。

報告書のような "嫌でもやらなくてはならない" といった仕事があります。どうせやらなくてはならないのですから意味をしっかりと自分で理解した方が得策です。

「これは○○の部分で自分のためになる」と意味づけをしてみるといいのです。それだけでもやる気がずいぶん違ってきます。

仕事していれば「なんでこんな仕事をしなくちゃならないんだ」と思うこともあります。そんなときこそ無理矢理にでも意味づけをしてしまいましょう。

もしそれでも思いつかない理不尽な仕事なら「まあ、こういった経験も必要だ」と考えればいいのです。

それだけでずいぶんと気持ちは楽になります。

無駄かどうかは自分の心の持ちようで決まる

これは〇〇に役立つな

報告書作り、データ入力の繰り返しなど、嫌でもやらなければならない仕事に「これは〇〇に役立つ」と意味づけする習慣を作る。

ここがPOINT!

理不尽なことに「これは〇〇に役立つ」「こういう経験も必要」と思って取り組もう

一生役立つ！

57

「数字 ＋ 期限」で
目標を明確化する

営業全員が集まる会議でのことです。

私も含めほとんどの営業が「月末までになんとか結果を出します」と発表します。

こんな曖昧な言い方に対して上司は"まあダメだろうな"と判断します。

そんな中、トップ営業の先輩は「25日までに最終見積を3件出し、30日までに2件契約します」と数字と期限を具体的に発表します。

曖昧なことを言うより、数字と期限を言った方が何倍も説得力があがります。

そして、毎月当たり前のように結果を出していたのです。

先輩は会議で上司の評価を上げるためだけに宣言していたのではありません。

具体的に**「数字＋期限」を発表することで、自分自身のモチベーションを高めていた**のです。これは効果的な方法です。

たとえばダイエットをする際、「痩せればいいなぁ」と思っているのと「21日以内に5キロ痩せる」と決めたのでは大違いです。

「痩せればいいな」といった数字も期限もない目標ではやる気も起こらず、3日も経てば"一口ぐらいいいや"とお菓子をつまみ食いしてしまいます。

そうではなく「21日」「5キロ」と決めると、その時点で達成率が格段にアップするのです。

できる営業は曖昧な表現を避け、数字と期限をきっちり決めます。

こうして目標を明確にし、モチベーションを上げているのです。

目標設定の際、数字と期限をぜひ意識してみてください。

目標設定の際は「数字＋期限」を決める

Chapter 7 やる気を引き出すために必ずやっておきたいこと

ここがPOINT！

数字と期限を明確にすれば達成率も大幅にアップする

一生役立つ！

58

朝時間は仕事の
ゴールデンタイム

ダメ営業時代の私は朝出社してから上司がいなければ、仲間と他愛もない雑談をしたり雑誌を読んだりとなかなか仕事に取りかかりませんでした。そのときの私は"朝は頭が目覚めないから、エンジンがかかるまでゆっくりしよう"と考えていました。

やっとのことで仕事に取りかかるのは11時過ぎです。

11時過ぎから取りかかったのでは、せっかく仕事を始めてもすぐにお昼で中断します。昼食を食べれば胃に血が集まり、眠気に襲われます。これでは仕事がはかどらないのは当然です。

たいした仕事がないのにもかかわらず、夜遅くまで残業をするハメになっていました。

トップ営業時代はダメ営業時代と異なり、仕事量が圧倒的に増えました。その仕事を効率良くこなすため、少し早く出社して仕事に取りかかっていました。朝一番で仕事に取りかかるといいリズムが生まれます。午前中に重要な仕事のほとんどを処理できるようになったのです。こうなってはじめて今まで"時間がない"と思っていたのは間違いだったと気がつきました。

売れ続けている営業でスロースターターな人はいません。

午前中は体も脳も疲れておらず仕事がはかどります。

やっていただければすぐにわかると思いますが、頭を使うクリエイティブワークはとくに顕著です。とにかく午前中は一番貴重な時間なのです。イメージとしては**11時からやっと仕事を始めるのではなく、11時までに頭を使う仕事をすべてやってしまう**感じです。

スタートダッシュがいいと仕事は驚くほど速く処理できるようになります。

朝のスタートダッシュが肝心

午前中はゴールデンタイム。

1. 少し早めに出社
2. 重要な仕事を優先する
3. 午前11時までにできる限り終わらせる
4. 午後は商談・打ち合わせをメインに

Chapter 7 やる気を引き出すために必ずやっておきたいこと

ここが POINT!

11時までに重要な仕事をすべてやってしまおう

一生役立つ！

59

すごい成果は健康な体からしか生まれない

以前無理がたたり、少しだけ体調を崩したことがありました。

そのときはネガティブな思いに襲われ何をやっていても不安な気持ちになっていました。

体と精神は表裏一体だとつくづく感じたものです。

トップ営業は健康が大切ということをよく知っています。

ですから体のメンテナンスを常に欠かさず、いつもいい状態に保つ努力をしています。

やり方は人それぞれですが、毎日体にいいことをしているのです。

一方ダメ営業は体調管理を軽視します。

私自身もダメ営業時代はいつも体調が良くありませんでした。

万年寝不足の二日酔いで、食べ物はインスタント食品かジャンクフードということもあり、いつも疲れていました。

こんな状態ではポジティブになることもできませんし、モチベーションが上がることもありません。

やるべき仕事を先送りにし、夜遅くなってからやっとエンジンがかかるようなやり方です。

毎日遅くまで仕事をしているとボディブローのように徐々に疲れがたまり、体力がなくなってきます。さらに体も調子が悪くなり、頭もさえなくなります。普段ではしないような凡ミスを繰り返し、取れる契約も落としてしまうこともありました。

私はこうして泥沼にはまっていたのです。

モチベーションを維持するための一番いい方法は健康な体に調整することです。悪習慣をやめ、体にいいことをしてみましょう。

「今日はなんだか体の調子がいいぞ」と実感できたときは自然にモチベーションが上がるものです。

体調管理も重要な仕事

1 食事
- 3食しっかり摂る。
- エネルギーがないと頭も体も働かない。

2 運動
- 頭のリフレッシュにもなり、体も強くなる。仕事前の適度な運動は、最高のスタートダッシュ。

3 睡眠
- 睡眠時間は6～7時間は確保する。
- 夜更かしは次の日のパフォーマンスを大きく下げてしまう。

※あくまでも一例です。自分の体に良い習慣を続けましょう。

ここがPOINT!

体のメンテナンスを怠らないようにしよう

Chapter 7 やる気を引き出すために必ずやっておきたいこと

チェックリスト

1 モチベーションを上げようとするより、まずは下げる要素を見つける
☐ モチベーションを下げる要素をリストアップしよう

2 ルーティーンで憂鬱な気持ちを吹き飛ばす
☐ 自分に合った方法でモチベーションをアップさせよう

3 トップ営業もずっと絶好調ではない
☐ スランプも必要な時期と考えよう

4 どうせやるなら気分良く仕事をする
☐ すべての仕事に意味づけをしよう

5 「数字と期限」がモチベーションを高める
☐ 「数字と期限」を明確にした目標を立てよう

6 朝時間は仕事のゴールデンタイムである
☐ 11時までに重要な仕事を終わらせよう

7 健康な体が成果を生む
☐ 体調管理を怠らないようにしよう

営業力を鍛える練習 No.7

Q 会社に今期の目標を提出することになりました。次の3つのうち、一番モチベーションが上がる目標はどれでしょうか？

A 気合いを入れ「前年度の売上200%を達成する」と高い目標を立てる

B 少し無理をすれば届きそうな「前年度の売上120%を達成する」という目標を立てる

C 安全をみて「前年度の売上105%を達成する」といった確実に達成できる目標を立てる

答えは次のページ

営業力を鍛える練習 No.7

Bが正解

解説 心理術のひとつにヤーキーズ・ドットソンの法則というものがあります。
ヤーキーズ・ドットソンとは、人は適度なストレスや刺激によって、適度な覚醒状態にあるときにパフォーマンスが最も高くなるということです。

刺激や覚醒状態が極端に低い、あるいは逆に高すぎるときには、パフォーマンスは低下します。
Aのように200％といった高すぎる目標や、Cの105％といった低すぎる目標ではモチベーションが上がらず、力が発揮できないのです。
ちょっと頑張れば手が届くような数値を設定してください。
適度な目標が一番モチベーションが上がります。

Chapter 8 売れる営業の「習慣」

シンプルだけど大きく差がつく習慣術

このような営業にならないために… GO!

一生役立つ！

60

小手先の技術ではなく
習慣を真似する

ダメ営業時代のことです。

トップ営業から「私と一生のお付き合いをしてください！」という
クロージングトークを教えてもらったことがあります。

"これはいいトークを聞いたぞ"と思い早速、次の商談で試してみ
ました。

しかし、あえなく失敗に終わります。

その後、何度もそのトークを使ったのですが、結局一度も成功しま
せんでした。トップ営業と私ではクロージングまでの過程や信頼度
が違います。そのときの言葉だけ真似してもうまくいくはずがない
のです。**できる営業は結果を出している人の部分的なトー
クには興味を持たずに"結果を出している人の習慣"を
よく観察**します。

たとえばですが、

・空き時間にハガキや手紙を書いて出している

・スタッフに差し入れをして気を遣っている

・やることリストを日々活用している　…など

こういった習慣を真似した方がはるかに効果があるのです。あなた
の近くにも成績のいい営業がいるでしょう。その方に対して「丸
秘トークを教えてください」ですとか「クロージングトークを教
えてください」などと聞かないようにしましょう。そもそもそん
なトークはありませんし、仮に教えてもらったとしても絶対にうま
くはいきません。

そうではなく、その人が毎日何をしているかよく観察してください。
部分的なテクニックを真似するのではなく、習慣を真似するように
しましょう。

部分的なテクニックよりも習慣を大事に

Chapter 8 シンプルだけど大きく差がつく習慣術

たとえば…

空き時間にハガキや手紙を出している
通勤時間に読書をしている
瞑想を行っている
やることリストを日々活用している　…など

ここがPOINT!

できる人の「習慣」を観察してみよう

一生役立つ！

61

トップ営業が机をきれいに
してから帰る本当の理由

ダメ営業時代の私は机まわりを片づけるといった習慣がありません
でした。机は常に書類の山です。

ヒドイときには、4分の3以上が書類に占領され、それをかき分け
ながら狭いスペースで仕事をしていたものです。

これでは効率良く仕事ができるはずもありません。

引き出しの中も資料を詰め込み、何が入っているのかわからない状
態でした。

ときには大切な書類がなくなり、何時間も必死に探したということ
も起こったのです。

一方、トップ営業の先輩は違います。

常に成績のいい営業を観察すると仕事が終わると必ず整理整頓し、
机を布巾できれいに拭いてから帰ることがわかりました。

その理由を聞くと**「きれいにした方が仕事しやすいし、そ
れに朝来て机が汚かったらテンション下がるだろ」**と言っ
ていました。

それから数年後、私もそれを習慣にしたところ、思いの他、仕事が
はかどるようになったのです。

**また机まわりを片づけて帰ると仕事のいい整理体操になる
ことがわかりました。**

どんなことがあっても気分を落ち着かせてから帰れるのです。

いいスタートを切るため、気分良く帰るために仕事終わりに机まわ
りをきれいにしましょう。

これが仕事がはかどる理想の机だ！

- 電話は利き手の逆側におく。
- デスクトップはアイコンを極力少なく。
- ファイルボックスはすぐ使う書類・重要な書類など2種類以上あると便利。
- 防災グッズは忘れずに。
- ごみ箱は臭わないよう気をつけよう。
- すぐ使う道具はここに収納しよう。
- 机の中も整理整頓を忘れずに。

Chapter 8　シンプルだけど大きく差がつく習慣術

ここがPOINT！
一日のテンションを上げるためにも机まわりをきれいに保とう

一生役立つ！

62

字を丁寧に書くと、心にゆとりが生まれる

以前、申請書類を書いて送ったことがありました。

その書類が返却されたときのことです。

封筒を開けてその書類の字を見て「なんて汚い字なんだろう」と自分の書いた字にガッカリしたものです。

その書類を記入した時期はいろいろと問題を抱えており精神的に不安な状態でした。それが字にも表れており、いかにも"余裕がなく適当に書きなぐった"という字だったのです。

自分で書く字はそのときの心境を表します。

余裕があるときは丁寧できれいな字を書けますが、余裕がないときは雑で汚い字になってしまうものです。

最近はパソコンなどで入力する作業が増え、実際に自分の手で字を書くシーンは減りました。

ツールが進化したからこそ自筆で書く行為が大切になってくるのです。

たとえば「ガタガタしていて精神的に落ち着かない」というときがあったとします。そんなときはあえて時間をかけて丁寧に字を書いてみるといいのです。それだけで心はスッと落ちつきます。

以前、トップ営業マンに手帳を見せてもらったことがありました。大きめの手帳に手書きで予定がきれいに色分けされて書かれていました。機能的なのはもちろんですが、書くことで心を落ち着かせていたのでしょう。

意識的に丁寧に字を書く。

そうすることで心は落ち着きを取り戻し、いい状態に向かっていくのです。

自分の心の余裕は文字にあらわれる

精神的に余裕がないときにこそ、意識的に丁寧に書くようにしよう。

ここがPOINT!

丁寧に字を書くことが、心にゆとりをもたらす

一生役立つ！

63

お客様が求めている 方法でアプローチする

私は入社8年目にしてやっとトップになった遅咲きの営業です。

アポなし訪問やテレアポをやめ、手紙でお客様にアプローチする方法に変えたところから徐々に変化が起きました。

口ベタな私は新規のお客様に対して、直接会ってのアプローチを最も苦手にしていました。

直接お客様にお会いするより文章で伝えた方が私には効果的だったのです。またその当時から訪問されること自体を嫌うお客様がどんどん増えていました。お客様のスタイルとマッチしたこともあり、手紙での営業が功を奏したのです。自分が突然訪問されたり、電話されたりしたら拒否するのにもかかわらず、いざ自分が営業する立場になるとコロッと忘れてしまう人が多いのです。

もちろん、ただ単に手紙を送るだけでなくお客様へ提供する情報を吟味し、シリーズ化し、より信頼を得られる方法を考えて行いました。**最近のお客様は昔のお客様と違って警戒心が強く、営業からハードにアプローチされることを極端に嫌います。**

営業が歯を食いしばってアタックすればするほど、逆効果になるのです。自分がお客様の立場になれば理解できるでしょうし、お客様に"何が迷惑か？　何が望みなのか?"ということを聞けばすべき活動が理解できるはずです。

その点、手紙であればソフトにアプローチができるでしょう。

仮に結果がでなかったとしても**「役立つ情報を送りやがって！」と怒るお客様はほぼいません。**

トップ営業は敵を作ることなく、お客様と信頼関係を構築できるような方法を考え実行しています。

お客様にも営業にもお互いメリットがある方法を考えましょう。

ハードなアプローチをしていませんか？

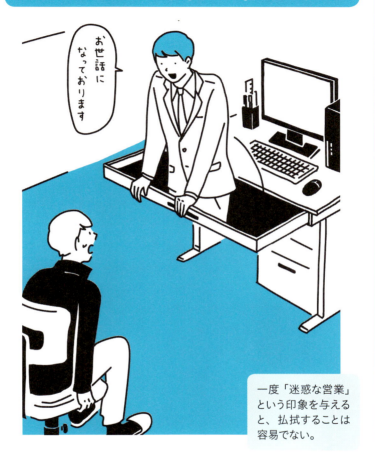

一度「迷惑な営業」という印象を与えると、払拭することは容易でない。

ここがPOINT!

基本的にお客様はハードなアプローチを求めていないと心得ておこう

一生役立つ！

64

手紙やハガキはビジネス
で勝つための最強の武器

お客様のアドレスがわかっていれば手紙のかわりにメールや SNS で"お客様が求めている情報"を送る方法もあります。その方が手間もコストもかかりません。がしかし、私はあえてアナログツールのハガキ、手紙の方法をおススメします。

その理由はメールや SNS は飽和状態にあり、埋もれてしまうからです。1日100通以上届くメールの中ではお客様にインパクトを与えるのは難しくなります。100通の中に「商品に役立つ情報です！」と送ってもほぼ効果はありません。その点、**ハガキ、手紙などのアナログツールを活用している人はここ最近見かけなくなりました。** あなたのうちのポストにハガキ、手紙は毎日のように届いているでしょうか？ 業者からのダイレクトメールを除けば、ほとんど届いていないでしょう。

ということはハガキが届けばお客様は思わず読むということです。デジタルツールの全盛時代だからこそ、アナログツールが引き立つのです。研修をしていて感じるのは**"若い人ほどアナログツールに興味を持つ"**ということです。これは意外でした。

それまでは勝手に"若者は手紙なんて興味を持たないだろう"と思っていたからです。

しかし、実際は若い人ほど"手紙って逆に新鮮"と捉えます。

子どものころから IT ツールが当たり前の世代はそう感じるのでしょう。これは受け取るお客様も同じで新鮮に感じるのです。

IT 化が進めば進むほどアナログツールの希少性が上がります。

一見手間と時間がかかるようですが、アナログツールを活用することで効率良くお客様との信頼関係を築けるのです。

アナログツールの希少性は上がっていく

手紙やハガキは読まれる確率が圧倒的に高い。効果的に使おう。

内容がパッとわかるようにしましょう。

おっ！一応読むか

ここがPOINT！

アナログツールは若い人ほど興味を持つようになっている

一生役立つ！

65

売れる人は他社からも
常に学んでいる

地方都市の工務店のA社長と飲みに行ったときのことです。

A社長の会社の営業スタッフに対して数回ほど営業研修をさせて頂いたことがあります。

非常に勉強熱心な会社で、私の研修の他にも有名なコンサル会社に指導してもらっています。長く結果を出し続けている会社は総じて教育に投資しています。

もちろんこの会社も結果を出しています。

A社長は友人のB社長に「下手に勉強するより、〇〇社を見に行った方がいい」とアドバイスされたといいます。

B社長の会社もまたうまくいっている会社です。

A社長は勉強熱心であり、素直な人です。

言われた通りライバル会社の展示場に偵察に行きました。

そこからはたくさんの学びがあったというのです。

営業職の人は意外にも他社に偵察に行ったりしません。

しかし、他の業界では当たり前の行為です。

たとえば飲食店などは流行っているお店に客として食べに行き「この料金で飲み物とデザートも付くのか、女性客が殺到するわけだ」などと参考にしているのです。

やはり**ライバルを知るというのは大切なこと**です。

できる方はぜひライバル会社がどんな営業をしているか偵察してみてください。直接行けない業界の人ならば、ネットで調べてもいいです。

また全く別の業界の"最近流行りのお店"に行ってみるのでもいいでしょう。そこからはたくさんのヒントを持って帰れます。

他社をお手本にすることも大事

なるほど！

Check!
- ライバル社の催しに参加してみる
- 他業界で流行りのお店に足を運んでみる

…など

ここがPOINT!

ライバルを見て、良い部分も悪い部分も学ぶ

Chapter 8　シンプルだけど大きく差がつく習慣術

一生役立つ！

66

天性の営業センスも実は「試行錯誤」から生まれている

どの世界にも"天才"と呼ばれる人がいます。

研修先の営業の中にも、いわゆる"生まれついての天才営業"という感じの人がいます。

初めて会った人の懐に入るのが非常にうまく、お客様とすぐに仲良くなれるという特技を持っています。

入社してすぐに結果を出し、同期の営業全員が「天然で売れるなんて羨ましい」と思っています。

いかにも"努力しなくても人柄で売れちゃうんです"といった感じに見えます。

しかし、営業部長は違った見方をしていました。

彼についてこんな話をしだします。

部長「どんな営業も努力なしで結果を出すことなんてできません。彼だって毎日努力を積み重ねているんですよ」

私「どんな努力をしているのですか？」

部長「彼はまわりの仲間や本社のスタッフに常に気を配っています。お客様の前だけでなく会社にいる間もずっと努力しているんですよ。それを彼は努力だとは思っていないだろうけど」

彼はお客様と会うときだけでなく、**まわりの人に対して気遣いをし、"何を必要としているか"といったことを常に考えて行動している**というのです。

どんなすごい人でも"生まれつきだとか元々持っていた"なんてことはありません。絶え間ない努力の積み重ねで手にしているものです。

才能を羨むより、自分にできる努力をコツコツしましょう。

天才営業なんてほとんどいない！

表向きは余裕そうに見えるトップ営業も…

裏では相当な「努力の積み重ね」があるということを覚えておく。

ここがPOINT!

小さな努力をコツコツと積み上げていこう

チェックリスト

1 部分的なテクニックより習慣を真似する
☐ 結果を出している人の習慣を観察しよう

2 机を片づけると思考もスッキリする
☐ 帰る前の3分間で机まわりを整理しよう

3 丁寧に字を書くと気分が落ち着いてくる
☐ 焦っているときこそ丁寧に字を書こう

4 お客様はソフトなアプローチを求めている
☐ お客様に本当に役立つ情報を送ろう

5 今はアナログツールが効果的
☐ 1日3通、手紙を出してみよう

6 ライバルから学べることはたくさんある
☐ 流行っているお店に行ってみよう

7 実はコツコツが一番強い
☐ 無理せずできることをひとつ決めて続けてみよう

営業力を鍛える練習 No.8

Q あなたは営業職として中小企業へ入社しました。1ヵ月間の研修を受け、実際の営業活動を始めます。しかしほとんど売れないまま半年が過ぎようとしています。このままでは数ヵ月後には退社しなくてはなりません。この状況から抜け出す方法を考えてください。

答えは次のページ ▶

営業力を鍛える練習 No.8

> 回答例

・今までやっていた方法を見直す
・得意な活動、不得意な活動をリストアップする
・営業活動の基本について再確認する

> 解説　半年間、営業活動をやって結果が出ないのならやり方を変える必要があります。
まずは"得意なこと""不得意なこと"をリストアップしてみましょう。
営業のやり方は十人十色です。
不得意な活動をやめ、その分得意な活動に時間を充ててください。
そうすることで早く結果が出てきます。
また、営業活動の基本についても見直す必要があります。
そもそも営業活動とは何でしょうか？
「そんなの売ることに決まっているよ」と思った人はますます成績が低迷するでしょう。
営業活動とはお客様に役立つ行為をすることであり、何かを売りつける行為ではありません。
このあたりをもう一度考え直してみましょう。

Chapter 9 売れる営業の「しないこと」

先輩たちの大失敗に学べ!

このような営業にならないために… GO!

一生役立つ！

67

「良好な関係」だからと
いって油断しない

住宅営業時代に時間をかけて信頼関係を構築したお客様とのことです。

そのお客様は人柄が良く「うちの建物はいつでも見せてもらっていいですから」と言ってくれるような人でした。

こういったお客様がいると非常に助かります。

私は検討中の他のお客様を何件かご案内させてもらっていました。

そんなある日のことです。検討中の見込み客から現場が見たいということで「今週の土曜日また見せて頂いてもよろしいですか？」と連絡を入れました。いつもでしたら快く承諾してくれるのですが、そのときは「はい、まぁ、いいですが…」とちょっと口ごもった気がしました。少しだけ気になりながらも予定通りお客様をご案内しました。

新規のお客様をご案内後、このお客様から「今後は見学を控えて頂けますか」と言われます。驚きながら理由を聞くと「菊原さん以外の担当のお客様も来ましたよ。そこまでいいとは言っていませんから」と言うではありませんか。調べてみると、他の営業所の営業が「こちらの物件はどんどん見て頂いていいですから」と案内していたことが判明します。それ以来、このお客様の信頼を失ったのです。この営業もひどいですが、悪いのは私です。

会社の全体会議で「このお客様は"誰でも自由に見てくれ"って言ってもらっています」と自慢げに発表していました。

それを聞いて"いつでも見学していい"と勘違いされたのです。

こういった勘違いをされるような発言は控えるべきでした。

いいお客様でも油断すればぶち壊しになるということを忘れてはならないのです。

一度関係が崩れたら修復するのは難しい

うまくいっているお客様には気持ちが緩みがち。

Chapter 9 先輩たちの大失敗に学べ！

ここがPOINT！

良好な関係のお客様であっても相手の都合や立場を考えよう

181

一生役立つ！ 68

連絡手段がわからないとき "浮気心" が芽生える

高額な商品を購入しようとしたときのことです。

現物が見たいと思い、その商品を扱っているお店に行くことにしたのです。

そこでお会いした担当者は売り込みをしてきませんし、余計なことをしゃべりません。私のペースで考えさせてくれます。

5分ほど検討した後、購入をほぼ決めました。

しかし、ひとつだけ大きさの問題が引っかかります。

一度家に帰らないと寸法がわからないため「確認してもう一度来ます」と言って店を出ました。その際、店員さんは名刺を渡してくれたのですが、その名刺には会社の代表番号しか書かれていません。

家に戻って連絡したときはお店の閉店時間をわずかにオーバーしており留守番電話になっていたのです。次の日が休店日だったため2日後まで連絡がつかない状態です。

そのとき、ちょっとだけ残念に思いました。

私は "買う気満々です" といった雰囲気を伝えていたつもりです。

であれば「もし閉店時間を過ぎたらこちらに連絡してもらえますか？」と携帯番号かメールでも教えてくれれば良かったと思います。

どんなにいい店員さんであっても連絡がつかないと "他もあたろうかな？" と浮気心が芽生えるものです。

そうならないように他の連絡手段を伝えてほしいのです。また「夜10時以降はこちらのアドレス（もしくはSNS）にメッセージを送ってください」と付け加えておけば、深夜に電話がかかってくる心配もなくなります。

いろいろな事情があるのは十分承知していますが、できる限り時間外でもつながる連絡先を伝えておきましょう。

仕事用の連絡手段をいくつか持っておく

連絡がつかない
他をあたろうかな…

連絡がつかないときに、ネット通販などに流れていく場合が多い。

ここがPOINT!

購入検討中のお客様には時間外でもつながる連絡先を伝えておこう

一生役立つ！

69

先 の 心 配 を し す ぎ て
一 歩 を 踏 み 出 さ な い

コンサルタントには参加者と一定の距離を取り、講演が終われば足早に次の会場へ移動していく方もいます。

それとは逆に参加者と積極的にコミュニケーションを取るタイプの方もいらっしゃいます。私はなるべく研修後も話をする時間をたっぷり取り、懇親会や打ち上げにも参加するようにしています。その方が相手の悩みをリアルに感じられる分、的を射た指導ができるのです。長期間、多くの営業と密にコミュニケーションを取っていることもあり"この人は結果を出すだろう"もしくは"ちょっと難しいな"と肌で感じ取れます。

量稽古というのはすごいもので、そんな能力が無かった私でも10年も続けると自然と身につくものなのです。

懇親会などで「今日の内容を実行しても結果が出なかったらどうしたらいいですか？」と質問してくる営業がいます。

残念ながらこういった営業からは「その後、実行して結果を出しました」という報告を一例も聞いたことがありません。

私は研修や講演で話した内容が営業の結果につながってほしいと心から思って伝えております。

結果を出している人は「この内容は絶対に自分のためにもお客様のためにもなる。すぐに実行するぞ」と思って即行動します。

しかし、**ほとんどの人は「これをやって失敗したらどうしよう」「クレームが来たら嫌だな」とネガティブに考え、行動しない**のです。もちろんどんなことにもネガティブな要素はあります。しかし、**やる前からネガティブなことに目が向く人は成功率がとてつもなく低くなる**のです。難しく考えずまずは行動しましょう。

184

まず行動することが大事

悩んでいる時間はもったいない。

まず、やってみよう

Chapter 9 先輩たちの大失敗に学べ！

 ここがPOINT!

ネガティブな要素にフォーカスせずに行動してから考えるようにしよう

一生役立つ！

70

メモを怠ってお客様の
信頼を失う

私自身、仕事はもろちんプライベートの細かい約束もしっかり守る方だと自負しています。

しかし、過去には注意していても「しまった！ 忘れてしまった」という失態を犯してしまうことが何度かありました。

こういった**失敗をするときには特徴があるのですが、それは"ちょっとした約束"のとき**です。

誰しも"重要な仕事"などは忘れたりしません。

重要なことは記憶に残りますし、手帳に書いたりスマホのスケジュールに入力したりと文字として記録します。

しかし、怖いのは重要ではない事柄です。

「手が空いたときでいいですから」などと言われたときが一番危なく、気づいたときには「○○の件、どうなりましたか？」と催促されるハメになるのです。お客様から「次回の商談時にオプションに関する資料をついでに持ってきてください」と言われたとします。このときは忘れるなんて思っていません。

しかし、2日経ち、3日経つとそのことをすっかり忘れたりします。当日の商談でお客様から「あれ？ オプションの資料はどうしましたか？」と聞かれて、思い出すこともあるのです。

こういったミスを見たお客様は「他の営業にもあたっておこう」と思います。こうした些細なミスで仕事を失うことだってあるのです。**ミスのほとんどは「まあ、このくらいだったら覚えているだろう」という過信から起こるもの**です。

実力を出し切って失敗したのなら仕方がないことですが、うっかりミスでチャンスを失うことほどもったいないことはありません。

メモを取る習慣をつけ小さな約束を忘れないようにしましょう。

大半のミスは大丈夫だろうという過信から

「手が空いたときでいいですから」「優先度は低いですから」という言葉に注意。

ここがPOINT！

小さな約束でもメモをとるなどして、忘れないようにしよう

一生役立つ！

71

会話はいつ誰に
聞かれるかわからない

講師あるある話で"隣にいる営業が講師とは知らずに悪口を言いだす"といったものがあります。私も何度か経験したことがあります。研修前に個室のトイレで用をたしているところへ営業が2人入ってきて「なんで月末に研修なんだよ。聞く気しねえ」などと話している声が聞こえてきます。

これは気まずいものです。

どのタイミングで個室から出ていいか迷いました。

この営業はまさか私がここにいると思っていないのでしょう。会話というのはいつどこで誰が聞いているかわからないものです。

とくに注意しなくてはならないのは、会社外で仲間と社内の悪口を話すことです。

東京駅でランチを食べていたときのことです。

隣は4人組のビジネスマンだったのですが、料理がくるまでの間、「うちの会社の評価システムはどうかしている。あれじゃ誰もやる気出ないよ」と会社批判をしていました。

なにげなくそのビジネスマンを見ると首から"社名が書いてあるカード"を下げているではありませんか。それも一流企業です。

おそらく"誰かに聞かれている"といった感覚がないのでしょう。今まさに会社の評判を下げていることに気がついていないのです。

これは社内であっても言えることです。

仲間同士で「ここなら大丈夫だろう」と上司の悪口を言ってはいけません。やってみればわかると思いますが、**こういった悪口はどういうワケかまわりまわって本人の耳に最悪の形で届きます**。会話というのはいつどこで誰が聞いているかわからないものです。発言には十分気をつけましょう。

悪口はすぐに伝達する

誰かに聞かれている可能性があるということを意識しておく。

うちの商品はダメだよねぇ

ほんとほんと

Chapter 9 先輩たちの大失敗に学べ！

ここがPOINT!

悪口は巡り巡って本人に伝わってしまうと心得よう

一生役立つ！

72

家族・身近な人を
ないがしろにしない

主に工務店の営業が集まる会にて、セミナーをさせて頂きました。
懇親会に参加した際、隣になった営業とのことです。

住宅営業系の営業が多い中、その方は「幼児教材を売っています」
と言っていました。

お酒も進んだところでこんな話をしてくれました。

営業「今は成績が低迷していますが5年ほど前はずっとトップクラ
スだったんですよ」

私「トップクラスですか、すごいですね」

営業「ええ、当時はトップが当たり前だと思っていましたから」

話を聞くと、入社してから何年もの間、表彰され続けていたと言い
ます。

しかし、5年ほど前から成績は下降気味になり今では最低ノルマを
クリアできるのがやっとだというのです。

私はどうしても"連続トップクラスから下降した理由"が知りたく
なりました。

私「どうして成績が落ちたのでしょうか？　何か理由がありますか？」

営業「そうですね、いろいろとありますが気持ちでしょうか。体も
壊しましたし、家族との関係も悪化していましたから」

私「そうでしたか」

その営業はつくづく**「体と家族を大切にすればもっと長く活
躍できたでしょうね」**と言っていました。

これは非常に深い言葉だと感じたのです。

**好成績を残すために自身の体や家族、身近な人を大切に
する。**

これこそが長く活躍する秘訣なのです。

家族や身近な人との関係も仕事に影響する

Chapter 9 先輩たちの大失敗に学べ！

忙しいときにでもまわりの人を考える心の余裕を持つ。

ここがPOINT!

長く活躍するためには自身の体と身近な人との関係も大切にしよう

一生役立つ！

73

結果を出したときこそ
「謙虚」になる

後輩を顎で使う、店員さんに威張ったりするなど、立場の弱い人に強くあたる人がいます。あなたも飲食店などで、店員さんに「おい、さっきオーダーした飲み物が来ないぞ。早くしろ」などといった言い方をする人を見たことはないでしょうか。

そういった人がその場に一人でもいると場がシラケるものです。

また後輩や同僚に対してちょっとしたミスに「ほんと使えねぇな」と口汚い言葉でなじったりする人もいます。直接言わなくとも陰で悪口を言ったりもします。

悪口を聞くことは、自分が言われていなくとも気分が悪くなるものです。こういった人がうまくいくことはありませんし、もし仮にうまくいったとしてもそれが続くことはありません。

売れない時代は下手に出るしかありません。

しかし、結果が出てくると「これやっておいて、今日中に」などと上から命令してしまうようになったりします。

今までの感謝をコロッと忘れて"俺が会社の利益を上げているんだぞ"と勘違いしだすのです。

スタッフに横柄な態度をとっておいてお客様だけにいい顔をしてもバレます。表面上は騙せても、お客様は本能的に「この人信用できない」と感じるのです。

こういった態度を取ればすぐにまわりが敵だらけになります。

敵だらけの状態で結果を出すことなど誰にも出来ないのです。

結果を出したときこそ謙虚になるべきです。

相手に対して感謝の気持ちを忘れないようにしましょう。

当たり前のことですが非常に大切です。

謙虚さを欠くと味方はやがていなくなる

全部が自分の成果だと勘違いしない。

ここがPOINT!

「謙虚な気持ち」や「感謝の気持ち」を常に持っておこう

Chapter 9 先輩たちの大失敗に学べ！

チェックリスト

1 いいお客様との関係はとくに大切にする
☐ 感謝の気持ちをこまめに伝えよう

2 連絡がつかずお客様を不安にさせない
☐ 時間外、休日の連絡方法を伝えておこう

3 心配するよりまずは行動した方がいい
☐ まずは第一歩を踏み出してみよう

4 小さな約束ほど注意が必要
☐ 些細な約束でもしっかりメモに残そう

5 どんなに漏れないようにしても悪口は伝わってしまう
☐ 悪口をやめて褒めることを意識しよう

6 身近な人や家族を大切にする
☐ 身近な人、家族との時間も取るようにしよう

7 横柄な態度は口にしなくても伝わってしまう
☐ どんな仕事でも必ずお礼の言葉を伝えよう

営業力を鍛える練習 No.9

Q お客様と商談をしています。
当社以外にも他に3社ほど検討中ですが、今のところお客様は当社の商品を気に入っており一歩リードしています。
お客様が他社に浮気しないための方法、もしくは競合に勝つための対策を3つ考えてください。

答えは次のページ ▶

営業力を鍛える練習 No.9

> 回答例

①お客様が次に何をすればいいのか、わかりやすく提示する
②次の商談までに手紙を送っておく
③時間外の連絡先を伝えておく

> 解説

今有利に話が進んでいたとしても油断してはなりません。検討段階が進めば進むほど"これで決めていいのだろうか"もしくは"他も検討した方がいいのでは"といった気持ちが芽生えてきます。

そうならないようお客様が次に何をしたらいいのかわかるように【第1回打ち合わせ→第2回打ち合わせ→見積→契約】と見える化するといいでしょう。

またお客様が不安にならないように、会わない日には手紙を送ったり、時間外の際連絡がつくようにしたりする工夫も大切です。

契約まではもろちん、契約後も気を抜かずこまめにフォローしてください。

おわりに
「基本」を身につけてこれからの営業を楽しく

今までたくさんの営業に関する書籍を出版してきました。
その中でもこの本ほど営業についてわかりやすく伝えられた本はないと思っております。

本書のアイデアは私が受け持っている大学のクラスの生徒に「どうして本を読まないの？」と質問をしたことがきっかけでした。
多くの生徒は「本を読んだ方がいいのはわかっているが、読む気になる本が中々ないし、退屈な本を選んで時間を取られるのが嫌だ」と言います。
ネットの短い文章は読めても、本一冊となるとダメだというのです。
"営業の授業"を選択して半年間授業を受けている生徒ですら「営業の本は小難しいものが多くて、何が書いてあるかよくわからないことがある」というではありませんか。

読む必要性は感じているけどやさしく読める本がない…

これはうちの学生だけではなく、社会人になりたての若い方も同じような悩みを抱えているはずです。
ニーズがあるのにそのような本がないなら作るしかありません。
そこで私は"誰でも簡単に営業について理解できる本が必要だ"と強い使命感を持ってこの本に取り組みました。

本書に書かれている内容は一見"そんなこと当たり前じゃないの"と思うかもしれません。

基本的な内容の中でもとくに営業活動に欠かせない必要な要素だけを厳選して掲載しております。
しかし、何度も繰り返しお伝えしてきたように営業は基本が非常に大切です。
サラッと読めたと思いますが、必ずやあなたの力となることをお約束いたします。

営業スタッフの中には基本的なノウハウを軽視する人もいます。
しかし、そういった人が活躍し続けたという話をまず聞いたことがありません。
基本ができていない状態でどんなテクニックを覚えても無駄ですし、必殺トークを学んだところで、お客様から信頼を得ることはできません。
表面上のトークは本当に逆効果になるのです。

あなたは既に営業職に就いてから数年経っているかもしれませんし、これから営業の世界に飛び込む前かもしれません。
経験があるかどうかに関係なく、またどのような営業職だとしてもこの本は役立ちます。
本書で学んだ内容はこれからあなたが活躍するきっかけとなるでしょう。

もし営業活動をしていて壁にぶち当たったときや"理由はわからないが、どうも調子が出ない"というときは、ぜひこの本の存在を思い出してください。
気になるページを読み返した瞬間"あぁ、こんな大事なことを忘れていたな"と気がつくはずです。

営業職は奥が深く、短期間にマスターできるものではありません。

しかし、基本をおさえ、正しい方法でその道を追求すれば、営業は
やりがいがあり大変楽しいものになります。

営業マスターになるまで、いや営業マスターになっても何度でもこ
の本に戻ってきてほしいと願います。
あなたが営業の世界で結果を出し「こんな結果が出ました！」とい
う報告を楽しみにお待ちしております。

この本を最後まで読んで頂いたあなたへ。

最後までお付き合い頂きましてありがとうございました。
また、今回このような執筆の機会を与えてくれた編集の大野洋平
様、センスある可愛いイラストをご提供頂いたイラストレーターの
こつじゆい様に心より感謝いたします。

最後の最後に、家族へ感謝の言葉で締めさせて頂きます。
いつも本当にありがとう。

菊原 智明

菊原智明 Tomoaki Kikuhara

営業サポート・コンサルティング（株）代表取締役
・営業コンサルタント
・関東学園大学　経済学部講師
・社団法人営業人材教育協会理事

群馬県高崎市生まれ。工学部機械科卒業後トヨタホームに入社し、営業の世界へ。
自分に合う営業方法が見つからず７年もの間、クビ寸前のダメ営業時代を過ごす。
お客様へのアプローチを訪問から、相手を思いやった情報提供の手紙に変えたことをきっ
かけに４年連続トップ営業に。約 600 名の営業マンの中において MVP を獲得。
2006 年に独立。営業サポート・コンサルティング株式会社を設立。
現在、上場企業への研修、コンサルティング業務、経営者や営業職向けのセミナーを行っ
ている。【営業力検定】が取得できる営業通信講座のクライアントの数は卒業生も含め既
に 1,000 人を超えている。
2010 年より関東学園大学にて学生に向け全国でも珍しい【営業の授業】を行い、社会に
出てからすぐに活躍できるための知識を伝えている。卒業生は 1,500 人以上。
また (社) 営業人材教育協会の理事として「営業を教えられる講師」の育成にも取り組ん
でいる。2023 年までに 74 冊の本を出版、ベストセラー、海外で翻訳多数。
主な著書に『訪問しなくても売れる！「営業レター」の教科書』(日本経済新聞出版社)、『面
接ではウソをつけ』(星海社)、『「稼げる営業マン」と「ダメ営業マン」の習慣』、『〈完全版〉
トップ営業マンが使っている 買わせる営業心理術』(明日香出版社) など。

■営業サポート・コンサルティングＨＰ
http://www.tuki1.net

トップセールスが使いこなす！
"基本にして最高の営業術"総まとめ

営業 1 年目の教科書

2018 年 3 月 1 日　第 1 刷発行
2025 年 5 月 1 日　第11刷発行

著　者	菊原智明
発行者	佐藤　靖
発行所	大和書房
	東京都文京区関口 1-33-4
	電話　03-3203-4511

イラスト	こつじゆい
装丁	井上新八
DTP・本文デザイン	荒井雅美 （トモエキコウ）
本文印刷	厚徳社
カバー印刷	歩プロセス
製本所	ナショナル製本

Ⓒ 2018 Tomoaki Kikuhara, Printed in Japan
ISBN978-4-479-79632-9
乱丁・落丁本はお取り替えいたします。
http://www.daiwashobo.co.jp